Les Mémoires Témoignage du Dr. Jaerock Lee

GOÛTER A LA VIE ETERNELLE

AVANT LA MORT

« Lève-toi, brille,
car ta lumière paraît,
Et la gloire de l'Eternel se lève sur toi »

(Esaïe 60 :1)

1. La Croisade d'Explosion du Saint Esprit à Séoul
2. La Réunion de prière d'Imjingak pour l'Unification du Nord et du Sud
3. La Réunion de jeûnes et prieres pour la Corée et son peuple

Eglise Centrale de Sanctification conduit l'évangélisation nationale et la mission mondiale

4. La Croisade du Jubilé pour l'Unification du Nord et du Sud à la place Yoido
5. Le Sanctuaire principal de l'Egilse Centrale de Sanctification Manmin
6. La Cérémonie du lancement du Réseau Global Chrétien
7. Cantate de Pâques
8. La Fête d'Action de Grâces
9. Le 23 ième Anniversaire de L'Eglise
10. La Conférence de dirigeants de groupes
11. Pèlerinage en terre Sainte

Beaucoup de gens ont témoigné de leurs géurisons miraculeuses

Le Festival de Guérisons Miraculeuses en RD Congo

La Croisade de New York

« Mais vous **recevrez une puissance**, le **Saint Esprit** survenant sur vous, et vous serez Mes témoins à Jérusalem, dans toute la Judée, dans la Samarie et jusqu'aux extrémités de la terre. »

(Actes 1:8)

Grandes Croisades d'outre-mer de l'Unité avec Dr. Jaerock Lee

1. La Croisade du Saint Evangile au kenya
2. Le Festival de géurisons miraculeuses de Russie
3. Le Festival de Géurisons d'Allemagne
4. La Grande Croisade de l' Unité du Pakistan
5. La Croisade du Saint Evangile en Ouganda
6. La Croisade au Honduras
7. La Croisade de géurisons au Pérou
8. La Croisade de Philippines

1. Un merveilleux arc-en-ciel photographié pendant le Festival de Guérisons miraculeuses en RD Congo
2. Performance des équipes artistiques de Manmin
3. Une colombe est perchée sur l'épaule de l'orateur pendant la Croisade de Guérisons du Pérou

« Dieu a parlé une fois; Deux fois j'ai entendu ceci:
C'est que la force est à Dieu. »
(Psaume 62 :12)

La puissance du Saint Esprit a secoué le monde

Le Festival de prières et de géurisons miraculeuses en Inde a rassemblé plus de 3 millions de personnes

Au travers des messages remplis de Vie du Dr. Jaerock Lee et de sa prière puissante, un nombre incalculable de guérisons eurent lieu et un grand nombre de gens se sont convertis à la Chrétienté.

« Si tu obéis à la voix de l'Eternel ton Dieu,
en observant et en mettant en pratique tous Ses commandements
que je te prescris aujourd'hui, l'Eternel ton Dieu te donnera
la supériorité sur toutes les nations de la terre. »
(Deutéronome 28 :1)

Jésus Christ est notre seul Sauveur

1. Photographié avec plusieurs pasteurs venant d'autres pays
2. Invité pour des causeries amicales par le Président du Pérou Alejandro Toledo
3. Invité par le Président de la RD Congo Joseph Kabila

4. Recevant la plaque d'appréciation du Comité d'organisation de la Croisade de l'Inde 2002
5. La Croisade du Saint Evangile en Ouganda retransmise sur CNN
6. Recevant la plaque commémorative du comité d'organisation de la Croisade du Kenya de 2001
7. Priant pour les bénédictions à l'assemblée municipale de Los Angeles, USA
8. Recevant le Ph. D. du Ministère au Séminaire Théologique Kingsway, Iowa, USA
9. Recevant la plaque de "Proclamation" du Conseil municipal de New York, USA
10. Visité par Mr. S.K. Tressler, ancien Ministre de la Culture et des Sports du Pakistan

Les Mémoires Témoignage du Dr. Jaerock Lee

GOÛTER A LA VIE ETERNELLE AVANT LA MORT

Dr. Jaerock Lee

GOÛTER A LA VIE ETERNELLE AVANT LA MORT par Dr. Jaerock Lee
Le Titre Original: TASTING ETERNAL LIFE BEFORE DEATH
Publié par Urim Books
851, Guro-dong, Guro-gu, Séoul, Corée
www.urimbooks.com

Ce livre dans sa totalité ou en partie ne peut être reproduit sous aucune forme, stocké dans un système d'extraction, ou transmis sous aucune forme ou par aucun moyen, électronique, mécanique, photocopie, enregistrement ou autrement, sans l'accord écrit de l'éditeur.

Sauf si autrement spécifié, toutes les citations proviennent de la Bible de Genève, traduction LOUIS SEGOND.

Copyright © 2006 par Dr. Jaerock Lee
Tous droits réservés.

Auparavant publié en Coréen par Urim Books. Copyright
© 1987, ISBN: 978-89-7557-142-8 (03230)
Traduit par Dr. Kooyoung Chung. Utilisé avec permission.

Première édition Première impression Mai 2006
Seconde édition Première impression Mars 2007
Troisième édition Première impression Février 2008

Edité par Dr. Geumsun Vin, Directrice du Bureau d'édition
Traduit en français par Rév. Guy Davidts
Publié à Séoul, Corée par Urim Books (Représentant: Seongkeon Vin)
Imprimé à Séoul, Corée

REMERCIEMENTS

Tout d'abord, je donne toute reconnaissance et gloire à Dieu qui m'a conduit à publier ce livre.

Il y a peu, Dieu m'a vivement recommandé de récolter les données sur ma vie passée et de publier un livre. C'était un fardeau pour moi que d'écrire sur mes jours passés, parce que je n'avais pas un esprit littéraire et parce que je n'avais pas beaucoup de temps à y consacrer. En pensant à ma vie passée cependant, elle a été miraculeuse en elle-même. Dieu a guéri mes sept années de maladie et puis m'a appelé en tant que Son serviteur. Et à chaque heure de ma vie jusqu'à maintenant, Dieu a été avec moi.

J'ai réalisé que publier ce livre afin de témoigner de Dieu aux non croyants devait Lui être agréable. Malgré que j'aie pris la décision de commencer ce travail important, j'étais désolé de ne pas savoir par où commencer. A ce point, Dieu a choisi la grande diaconesse Geumsun Vin en tant qu'éditrice générale. La grande diaconesse Vin a rassemblé tous les documents nécessaires, les a arrangés dans l'ordre adéquat pour la publication et a édité l'ensemble du travail du début à la fin. Je remercie la grande diaconesse Vin pour son zèle dévoué et ses efforts. Je crois que Dieu va la récompenser par d'abondantes bénédictions.

Je suis heureux que ceci soit le premier livre publié par l'Eglise Centrale de Sanctification Manmin . J'espère que ce livre va jouer un rôle significatif, non pas en tant que ma présentation personnelle, mais en tant qu'instrument puissant qui témoigne de l'amour et de la grâce de Jésus Christ, ainsi que de Ses œuvres miraculeuses et de Sa providence, en conduisant les lecteurs vers une nouvelle espérance pour le salut et la vie éternelle.

Je remercie également le traducteur le diacre Taebong Kwon ainsi que ses amis américains, Madame Kim Clark et Monsieur Tyler Dixon, qui ont bénévolement aidé à éditer la version anglaise.

Jaerock Lee

L'Auteur
Dr. Jaerock Lee

Il est né à Muan, dans la province de Jeonnam, en République de Corée, en 1943. Dans la vingtaine, le Dr. Lee a souffert d'une variété de maladies incurables pendant sept ans et il attendait la mort sans espoir de restauration. Un jour du printemps de 1974, il fut cependant conduit à l'église par sa sœur et lorsqu'il s'est agenouillé pour prier, le Dieu Vivant l'a instantanément guéri de toutes ses maladies.

Dès l'instant où le Dr. Lee a rencontré le Dieu Vivant au travers de cette merveilleuse expérience, il a aimé Dieu de tout son cœur et en toute sincérité, et en 1978 il fut appelé en tant que Serviteur de Dieu. Il pria avec ferveur afin qu'il puisse clairement comprendre la volonté de Dieu et l'accomplir entièrement, et il a obéi à toute la Parole de Dieu. En 1982, il a fondé l'église Centrale de Sanctification Manmin à Séoul en Corée, et d'innombrables œuvres de Dieu, y compris des guérisons miraculeuses et des prodiges ont eu lieu dans son église.

En 1986, le Dr. Lee fut ordonné en tant que pasteur à l'assemblée annuelle de l'église Sungkyul de Jésus en Corée, et quatre ans plus tard, en 1990, ses sermons commencent à être retransmis par la Société de Radiodiffusion d'extrême orient, la Station de Retransmission d'Asie, et le Système de Radio Chrétienne de Washington vers l'Australie, la Russie, les philippines et beaucoup d'autres.

Trois ans plus tard, en 1993, l'église Centrale de Sanctification Manmin fut sélectionnée comme l'une des « 50 premières Eglises au Monde » par le Magazine Monde Chrétien (USA), et il reçut un Doctorat Honoraire en Divinité du Collège Chrétien de la Foi, en Floride USA, et en 1996, un Ph. D. dans le Ministère par le Séminaire Théologique Kingsway, à Iowa, aux USA.

Depuis 1993, le Dr. Lee a pris la tête dans la mission mondiale au travers de nombreuses croisades outremer aux USA, en Tanzanie, en Argentine, en Ouganda, au Japon, au Pakistan, au Kenya, aux Philippines, au Honduras, en Inde, en Russie, en Allemagne et au Pérou, et en 2002, il fut appelé « pasteur mondial » par les principaux journaux Chrétiens en Corée, pour son œuvre dans différentes grandes Croisades de l'Unité.

Depuis Mars 2008, l'église Centrale de Sanctification Manmin est une assemblée de plus de 100.000 membres et 7.800 églises branches en Corée et outremer partout dans le monde, et elle a envoyé plus de 126 missionnaires vers 25 pays, comprenant les Etats-Unis, la Russie, l'Allemagne, le Canada, le Japon, la Chine, la France, l'Inde, le Kenya et de nombreux autres.

A ce jour, le Dr. Lee a écrit 51 livres, parmi lesquels les best-sellers *Goûter à la Vie Eternelle avant la Mort, La Voie du Salut, La Mesure de Foi, Le Ciel I et II* et *Enfer,* et ses œuvres ont été traduites en plus de 25 langues.

Le Dr. Lee est en ce moment président et fondateur d'un nombre d'organisations missionnaires, parmi lesquelles l'Eglise de Sanctification Unifiée de la Corée, le Quotidien d'Evangélisation de la Nation, la Mission Lumière et Sel, Manmin TV, Réseau Global Chrétien (GCN), le Réseau Mondial de Médecins Chrétiens (WCDN), le Séminaire International Manmin (MIS) et la Mission Mondiale Manmin (MWM).

TABLE DES MATIERES

PARTIE 1:
AUX PORTES DE LA MORT • 1

    Il vaut mieux mourir
    Lorsque j'étais jeune
    Le combat
    Comme le temps passait

PARTIE 2:
LE MIRACLE • 31

    L'Affection
    Un corps malade et un cœur brisé
    Une vie immortelle misérable
    Ma sœur aînée
    Ma vie renouvelée

PARTIE 3:
OH, DIEU ! • 73

    Ma vie nouvelle
    S'il te plaît, aide-moi à pardonner aux autres
    Jusqu'au bout de mon voyage

PARTIE 4:
LE CARACTERE PRODUIT L'ESPERANCE • 107

   J'étais un pécheur
   La croix du Seigneur
   Le Dieu vivant
   Si tu peux ?
   Commençant une église
   Le canal

PARTIE 5:
DIEU M'A ACCOMPAGNE • 171

   Le béni
   La voix du Seigneur
   Le Souverain
   La révélation

PARTIE 6:
UNE VIE PRECIEUSE • 205

    Souvenir
    Mon passé
    Mon présent
    Mon futur
    Merci pour tout

PARTIE 7:
MES BIEN AIMES • 237

    Toute la gloire à Dieu
    Par Sa volonté
    La vie éternelle au ciel

1
AUX PORTES DE LA MORT

Il vaut mieux mourir

Au début de l'été de 1972

La saison changeait et l'herbe fraîche couvrait tout le pays. Les senteurs de l'acacia venaient à moi dans la brise et touchaient mon nez avec un chatouillement vif. C'était un temps où tous pouvaient sentir la fraîcheur et la vitalité de l'été. Mais mon esprit et mon corps étaient toujours en hiver comme de la glace gelée. Comme le temps passait, la glace épaisse fondait dans les torrents, l'hiver se réveillait de son long sommeil et de nouveaux bourgeons apparaissaient pour décorer le printemps. Mon hiver cependant, n'avait aucune promesse de changement, mais uniquement de sombres perspectives.

Comme d'habitude, j'étais couché sur le sol sous une couverture sale dans ma maison d'une seule pièce pendant toute la journée. Je voyais des nuages comme du coton au travers d'une fenêtre partiellement ouverte. Ces nuages me rappelaient le sein chaud de ma mère. Si j'étais un de ces nuages, je voyagerais dans toute la péninsule sans aucun souci ni personne à envier.

'Je n'ai que 30 ans, l'âge de la vitalité et de la force, ce qui est le sommet de la vie. Mais maintenant, je regardais mon corps dépérir partie après partie, jour après jour…'

Mes larmes avaient séché et mon espoir d'être guéri s'était envolé. Seul le désir de survie demeurait en moi.

Je regardais toujours le beau ciel de couleur vert jade au travers de la fenêtre. Le soleil me montrait sa brillante face par intermittence au travers des nuages qui passaient. Je voulais sentir ce chaud rayon de soleil sur mon visage et tout mon corps. M'appuyant contre le mur, j'étais à peine capable de soulever la partie supérieure de mon corps. J'ai immédiatement ressenti une douleur extrême dans mes genoux et je devins faible et étourdi. J'avais le fort désir de m'évader de ma chambre, j'ai donc saisi la canne dont j'avais besoin pour aller aux toilettes. En me soutenant fermement sur elle, j'ai ouvert ma porte et j'ai fait mon premier pas à l'extérieur. Waw ! J'ai presque crié parce que l'air frais et le brillant éclat du soleil à l'extérieur étaient tellement merveilleux.

Lorsque j'ai réussi à arriver au jardin de devant avec des jambes tremblantes, j'ai eu des sueurs froides. La vue de la rivière Han s'étalant devant moi me rendait calme et rafraîchi.

Je me souviens de la colline de Gumho-dong où je vivais. Sur la colline, de nombreuses constructions se blottissaient l'une contre l'autre. La plupart d'entre elles étaient illégalement construites. Dans mon village, la plupart des habitants étaient pauvres mais avec un bon cœur. Lorsqu'ils me voyaient occasionnellement, je pouvais lire dans leurs yeux la pitié qu'ils ressentaient pour moi.

'Lorsque les villageois gravissent la colline abrupte, je puis voir les gouttes de sueur qui coulent sur leur visage. Ils ne se plaignent pas de la dure escalade. Ils mènent simplement leurs vies au mieux de leurs capacités.'

Ce jour là, je ne pouvais pas continuer à les regarder se mouvoir avec autant de vitalité. Me sentant confus et fatigué, je voulais simplement me coucher. M'appuyant sur ma canne et rampant pratiquement, je suis retourné dans ma chambre.

Les lamentations de ma mère

Ma chambre était humide et sentait à cause de cette couverture sale qui n'avait jamais était pliée et des médicaments qui bouillaient sur la cuisinière dans la cuisine. Ma chambre était le seul endroit où je pouvais prendre du repos et me protéger.

Après m'être reposé un moment, j'ai entendu quelqu'un frapper à ma porte. Je me demandais qui cela pouvait être. Ma femme était partie travailler tôt le matin, et mes filles venaient de partir pour jouer avec leurs amies.

« Mon fils, c'est moi. Es- tu là ? »
Mère ? Qu'est ce qui l'avait amenée à Séoul ? Elle est relativement âgée à 70 ans. Ce doit être difficile pour elle de monter sur la colline.

Elle est entrée dans la pièce et a regardé l'environnement désordonné et puis a tourné son regard vers moi, son fils malade et maigrelet, et pendant un moment elle n'a rien dit.

« Bonjour maman. Pourquoi ne t'assieds tu pas ici ? »
Des larmes montèrent aux yeux de ma mère et elle commença à pleurer de manière incontrôlée. Elle pleura amèrement, frappant le sol de ses mains.

« Toi mauvais fils ! Tu ferais mieux de mourir. Meurs maintenant ! Ne sais tu pas combien de souffrances ceci représente pour ta femme et tes enfants ? Ne sais tu pas combien cela me perce le cœur ? Je serai heureuse si tu meurs. »

Ma mère a pleuré pendant un temps assez long. Je pouvais comprendre qu'elle voulait réellement que je meure. C'était tellement choquant que profondément Je la comprenais. Etant choqué et perdu, je la regardais livide.

'Est- elle trop âgée ? Pourquoi veut- elle que je meure maintenant ? Est-elle montée ici sur la colline pour me dire cela à moi, son fils, qui n'a pas connu d'attentions depuis des années ? Est-ce vraiment ma mère ? Comment peut-elle faire cela ?'

J'étais tellement désolé que je ne pouvais pas arrêter ses larmes. Avec combien de dévotion avait- elle pris soin de son mari et de ses enfants ? Avec quelle volonté a-t-elle accompli toutes les corvées ménagères à la campagne pour sa famille ? Elle était la maman qui avait recherché tous les médicaments pour moi pendant de nombreuses années, mais maintenant elle ne veut plus partager ma douleur. J'étais triste d'apprendre cela.

Conflits

Un visage profondément ridé, des épaules lourdement chargées par les ans et un fragile corps âgé... Ces caractéristiques de ma mère me rendaient tristes. Je croyais que ma frustration et mon agonie étaient plus grandes que celles de ma mère.

Il y avait plus de choses qui m'attristaient :

Nous habitions dans une maison de location d'une seule chambre, qui faisait partie d'un bâtiment en blocs de ciment construit illégalement. Il n'y avait qu'une seule commode comme mobilier, une pile de couvertures dépliées, un bol avec un résidu de médicament liquide, une canne en bois grossièrement taillée, et un tas de boites de médicaments dans le coin de ma chambre.

'Assurément, pourquoi pas ? Mourir, je le crois, serait la meilleure chose pour ma famille. Je ne dois plus être un fardeau pour eux. Au début, ils seront tristes et puis ils m'oublieront, en vivant dans leur nouvelle situation. Oui, je ferais mieux de dire au revoir à ce monde aussi vite que possible.'

Je regardais ma mère qui pleurait toujours et je me suis

décidé à mourir. Je ne pouvais plus regarder ma mère. J'ai tourné mon visage vers la fenêtre. Le chaud éclat du soleil frappait mon visage et m'aveuglait. A ce moment là, un désir de vivre s'est soudain élevé dans mon cœur. Ma décision de mourir fut immédiatement modifiée.

'Certainement, je suis encore jeune ! C'est trop tôt pour moi de mourir. Je ne peux pas terminer ma vie dans une telle condition misérable, étant un fardeau pour les membres de ma famille. Je dois rester vivant pour compenser ma famille pour leur perte. Je ne veux pas qu'ils se souviennent de moi d'une telle manière.'

Je ne savais pas d'où j'avais reçu cette force. Du plus profond de mon cœur une certaine aspiration pour la vie se levait en moi.

'Les maladies détruisent tout mon corps, mais je vais les abattre en fin de compte.'

Des morts folles

Me sentant déchiré entre la mort et la vie, j'ai essayé de regarder en arrière dans ma vie. Je me suis souvenu que j'avais tenté de me suicider auparavant. En ce temps là, je n'étais pas aussi désespéré que maintenant.

Il y a des gens qui se suicident avant de comprendre ce qu'est la vie, ce qu'est la mort et ce pourquoi ils doivent vivre dans ce monde.

Certains d'entre eux deviennent tellement frustrés qu'ils se suicident lorsqu'ils échouent dans l'accomplissement des objectifs de leur vie. Des hommes d'affaires se suicident lorsqu'ils ruinent leurs affaires. Des élèves de la dernière année de l'école secondaire choisissent de mourir parce qu'ils échouent dans leur examen d'entrée à l'Université, et d'autres élèves du primaire, cycle d'orientation ou d'école secondaire font également cela parce qu'ils sont effrayés d'être réprimandés par leurs parents pour leurs mauvais résultats. Certaines personnes abandonnent leur vie parce qu'elles ne peuvent pas accomplir leur volonté. Au travers des mass-médias, nous entendons souvent parler de telles personnes qui se suicident.

Il y a un autre groupe de personnes qui se suicident au nom de l'amour. Malgré qu'elles disent que leur amour s'élève au dessus des frontières nationales et des périls de la vie, elles choisissent de mourir lorsqu'elles ne parviennent pas à se marier ou que leurs bien aimés les trahissent. Certaines personnes meurent même pour suivre leurs bien aimés dans la mort. Elles vont considérer que l'amour est la seule raison pour elles de vivre dans ce monde. Cela est ridicule. Elles ne considèrent pas combien précieuse est la vie.

Une vie vraiment digne

D'autre part, il y a un autre groupe de personnes qui n'en peut rien et meurt à l'hôpital. Beaucoup de gens 'hospitalisés' par des accidents inattendus ou des maladies mortelles se battent désespérément contre la mort.

Certaines personnes commettent le suicide à cause de leur vie douloureuse, et d'autre part certaines personnes se relèvent d'une mort proche avec des aspirations tenaces pour la vie. Le nombre de gens qui meurt est cependant plus élevé. Nous devons savoir que la vie est précieuse. Nous devons apprécier ce qu'est la vraie vie et quel en est le but. Peu importe les circonstances que nous traversons, nous devons chérir la vie en tant que telle. Alors nous ne couperons plus nos précieuses vies au hasard.

J'avais même essayé de me suicider lorsque j'étais en bonne santé. Cependant, lorsque j'ai entendu ma mère dire, 'Je serai heureuse si tu meurs', un désir pour la vie s'est levé en moi comme un feu dévorant.

Les gémissements de ma mère ont percé mon cœur et ont fait monter des larmes dans mes yeux. Tandis que je levais mon regard en essayant de retenir mes larmes, quelques nuages flottaient dans le ciel bleu, comme s'ils voulaient me réconforter. Sans aucun effort, ma pensée est remontée à ma chère enfance et ma belle ville natale. Combien c'était merveilleux ! Combien j'étais en bonne santé ! Oh, ces jours me manquent tant où beaucoup de gens m'aimaient !

Lorsque j'étais jeune

Ma ville natale

Ma ville natale est Jangsung, Jullanam-do. Cette ville est réputée pour ses beaux paysages et son eau pure. Le merveilleux paysage des montagnes Noryoung s'étend jusqu'aux environs de la ville de Jangsung.

Jangsung est réputée être un lieu où les coutumes ancestrales affectent beaucoup les habitants. Beaucoup d'habitants, jeunes ou vieux, portent encore le costume traditionnel coréen, Hanbok, beaucoup plus que ne le font les gens dans les autres régions. Ils sont tellement conservateurs que tout en vivant dans une ville d'érudits, ils pratiquent absolument la matière de la courtoisie.

Mon père était un homme érudit qui avec des airs héroïques, était largement versé dans les classiques et poèmes chinois. Pendant la période coloniale japonaise, il a fait un commerce d'exportation, voyageant entre le Japon et la Corée. Immédiatement après la libération de la Corée, il a quitté son affaire et a cherché un endroit où il pouvait vivre en retraite. Il trouva un bon endroit à Jangsung, et ainsi ma famille déménagea de Muan lorsque j'étais âgé de trois ans. C'est pourquoi je pense à ma ville natale comme étant Jangsung.

Ma famille s'est établie dans un village où la plupart des habitants avaient le nom de famille Chun. Malgré que ce ne fût pas facile pour un nom de famille différent, mon père y acheta de la terre pour la cultiver et construisit une maison pour vivre dans ce village au nom de famille Chun.

Mon père, un érudit en classiques chinois

Lorsque j'étais jeune, mon père était toujours seul à la maison et il lisait constamment. Il avait cependant parfois des invités inattendus. Chaque fois que ses amis venaient le voir, ils se réjouissaient ensembles en chantant des poèmes et en conversant à propos des classiques autour d'une table de boissons. Je me souviens également que mon père quittait parfois la maison, voyageant seul pendant une longue période. Ma mère devait alors prendre la responsabilité de la famille. Elle devait travailler dur pour élever trois fils et deux filles.

Moi, en tant que fils cadet, j'étais le favori de mes parents. Lorsque j'avais cinq ans, mon père m'a expliqué les 1.000 caractères chinois de base. Il avait l'habitude de me raconter de fameuses nouvelles historiques. Cela me faisait rêver de beaucoup de choses. Devenir un grand homme était l'un de mes rêves. Après être entré à l'école primaire, il me conduisit à l'endroit où les candidats se présentant (au niveau national ou provincial) en tant que juge ou président, prononçaient des discours. Dès ce moment, j'ai commencé à cultiver mon rêve de devenir un membre du parlement oeuvrant pour mon pays.

J'aimais faire des choses avec mes mains. Je pouvais aisément façonner des objets, et pour cela les voisins me louaient et aussi m'enviaient.

Un jour où j'étais assis à côté de mon père, décorant une branche d'oranger à triple feuillage. A ce moment, un visiteur s'approcha de nous. Il me regardait travailler et disait, « Oh, toi garçon mignon ! Tu as des mains vraiment douées ! » Il prit l'objet que j'avais fait et il l'examina en détail. Et il dit, « Laisse- moi acheter ceci. Voici ton argent. » J'étais embarrassé, mais mon père sourit et me fit signe d'accepter.

Depuis ce moment, mes objets façonnés à la main furent régulièrement vendus.

Le travail d'école ne m'intéressait pas, parce que j'avais déjà appris le Hangul (l'alphabet coréen) ainsi que les tables de multiplication avec mes frères et sœurs aînés avant que je n'entre à l'école primaire. Je préférais jouer à l'extérieur plutôt que d'étudier à la maison. J'aimais les jeux physiques tels que les jeux de combat, la lutte et la boxe, et dans les autres jeux, je menais mon équipe. J'étais comparativement fort et j'avais l'esprit de compétition, et ainsi je ne supportais pas de perdre. Lorsque je perdais, mon amour propre était blessé et mon orgueil me faisait jouer jusqu'à ce que je puisse gagner. Perdre n'était pas mon lot.

J'étais né très costaud et mes parents m'ont donné des médicaments toniques. C'est pourquoi, on m'appelait 'Monsieur fort' ou 'Gorille'. Malgré que mes parents ne fussent pas riches et qu'ils avaient beaucoup d'enfants, ils achetaient de tels médicaments pour moi, leur fils cadet, parce que j'étais leur favori.

Ma mère

Je ne peux pas oublier ceci. Après cela, ma mère semblait m'aimer encore plus.

J'avais cinq ans. C'était un temps très occupé où tous aidaient à la moisson dans les champs. Je gardais seul notre maison. Soudain, le ciel s'obscurcit et il commença à pleuvoir. Il y avait des poivrons qui étaient étalés dans le jardin de devant afin de sécher. Malgré que je fusse relativement jeune, j'ai cru que je devais faire quelque chose pour les empêcher d'être mouillés. Je me suis donc empressé de les ramasser avec mes petits doigts. Au même moment, ma mère qui était préoccupée par les poivrons dès les premières gouttes, courrait vers la maison. Elle fut très heureuse de me voir faire cela.

« Oh, mon bébé Jaerock ! Tu as grandi ! Comme tu es gentil de les ramasser ! Je t'aime tellement, bébé ! »

Je me souviens parfaitement des yeux de ma mère qui renfermaient un profond amour pour moi, tandis qu'elle tapotait mon derrière avec sa main. Elle aurait pu dire à mon sujet, son fils cadet qui essayait de l'aider, (comme le font les mères coréennes) 'Je ne ressentirais aucune douleur, même si je mettais mon fils physiquement dans mon œil.'

Elle mettait toujours une part de côté pour moi lorsqu'il y avait de la bonne nourriture.

Lorsque je sortais avec ma mère, en la tenant par la main, mes voisins plus âgés qui se divertissaient avec des jeux et des conversations dans un lieu de repos situé près d'un grand arbre, avaient l'habitude de dire, « Oh chéri ! Tu as l'air très brillant. Tu feras quelque chose dans le futur. » « Son visage dit qu'il sera quelqu'un de grand. S'il te plaît, prends bien soin de lui, maman. »

Leurs salutations et leurs commentaires rendaient ma mère heureuse et fière de moi. Elle me frottait souvent la tête de sa main.

Un soir, j'ai vu ma mère habillée dans des vêtements blancs après un bain. Je croyais qu'elle se préparait à sortir, aussi je lui ai demandé de m'amener. Sortir avec elle était toujours ma joie. Je me réjouissais de regarder autour de moi dans le marché ouvert, roulant dans le bus et de manger des aliments délicieux avec ma mère.

« Je veux aller avec toi, maman. »

« Jaerock, je ne sors pas. Je vais prier la Grande Ourse pour toi (mon fils cadet), pour tes frères et sœurs afin que vous grandissiez en bonne santé et que vous soyez grands. Toi vas au lit, bébé. »

Je la regardais prier son Dieu, mettant un bol d'eau sur une petite table dans le jardin arrière, et se frottant la paume des mains pendant un temps assez long. J'étais un petit enfant, mais je ressentais une grande gratitude parce qu'elle priait pour moi.

Prier à la Grand Ourse

Combien grand était son amour maternel ? Mais maintenant, elle me dit 'Tu ferais mieux de mourir', parce que j'étais trop malade (en tant qu'adulte), pas en tant que son bébé. Mon regret au sujet de ma vie ne fit que grandir avec le temps.

Puis- je toujours jouer sur la colline où j'avais l'habitude de jouer lorsque j'étais enfant ? Malgré les prières de ma mère à sa Grande Ourse toutes les nuits, tout ce je possède maintenant est la pauvreté et un corps malade. Je hais mon corps malade. Pourquoi ne puis-je pas être heureux comme les autres, et comment ne puis-je pas sortir de ce tunnel de douleur ?

J'étais fier de ma santé, mais maintenant, je souffre de maladies. J'ai mémorisé toutes les choses que j'ai apprises, et on disait que j'étais intelligent. Mais maintenant, je ne puis rien faire. Personne n'est capable de prédire même une seule minute du futur ! Même mes propres parents m'abandonnent. Qui donc, prendra soin de moi à présent ?

Je ne me rendais pas compte que de chaudes larmes coulaient sur mon visage. Je n'essayais pas de les essuyer, mais je continuais à pleurer. Depuis combien de temps pleurais-je ? J'ai vu ma mère qui entrait dans la chambre avec un bol de médicaments bouillis qui sentaient horriblement. Alors, mon regret pour elle disparut, et mon cœur était rempli de pitié.

C'était un long temps de souffrance, mais elle s'est dévouée pour me soigner. Mais ma maladie a empiré, et je ne présentais aucun espoir d'amélioration. Je pouvais comprendre pourquoi elle me disait, 'Tu ferais mieux de mourir.'

J'ai reçu silencieusement le bol de médicaments de ma mère. 'Je dois rester en vie. Pour rester en vie, je dois prendre ce médicament. Je vais revivre.' Décidé à survivre, j'ai soulevé le bol et je l'ai bu lentement jusqu'au fond.

'Oh, jours merveilleux, revenez à moi ! Revenez à moi !'

Le combat

L'ombre de la malchance

Ma scolarité à l'école primaire, au cycle d'orientation et en secondaire s'est passée facilement. Comparativement, ma vie, après que je sois entré à l'Institut supérieur et que j'aie terminé mon service militaire a commencé à prendre un goût amer.

Après avoir terminé mon service militaire, j'étais supposé retourner dans mon institut supérieur, mais je n'ai pu me le permettre. J'avais perdu tous les biens de mon héritage. Un escroc m'a trompé et a mangé tout mon argent. C'était ma faute de lui avoir fait confiance dans ce monde de déception. Elle a profité de ma totale confiance en elle. Sa trahison a bloqué mes pas de manière à ce que je ne puisse plus aller de l'avant. Cela a ruiné mon avenir.

J'ai passé de nombreux mois dans la déception et la frustration jusqu'à ce que mon correspondant me propose quelque chose. Après que ma nièce me l'ait présenté, nous avons correspondu et avons pris des rendez-vous pendant trois ans. Ni mes parents, ni les siens n'ont approuvé notre mariage. Notre mariage ne fut donc pas un mariage normal traditionnellement béni par les deux familles.

En dépit de tout cela, nous avons établi notre nid d'amour et planifié de vivre notre nouvelle vie ensemble.

Nous avons pensé à des gens qui ont réussi à surmonter les problèmes et les échecs. Nous avons établi des plans pour notre avenir prometteur – je devais travailler dans un journal pendant le jour et étudier le soir. Ma femme devait ouvrir un petit salon de beauté.

J'ai trop bu

C'était un jour de printemps. J'ai été à moitié forcé par des amis d'organiser une fête pour célébrer un travail et le mariage.

Le matin, je me suis réjoui de la fête avec mes collègues, puis un déjeuner avec des amis de l'institut supérieur, et le soir un dîner et des boissons alcooliques avec mes amis de ma ville natale. Nous nous sommes réjouis au début pendant un temps assez long, en buvant plusieurs tournées d'alcool. J'étais très heureux avec mes amis qui nous félicitaient et nous complimentaient pour notre mariage. Leur encouragement semblait me donner un nouvel espoir pour une nouvelle vie.

Pendant ce temps, l'ombre du malheur s'approchait à grands pas, inconnue pour moi.

La fête s'était terminée juste avant (Il y avait un couvre feu national en ce temps là de minuit à quatre heures du matin) cette nuit là. J'ai ressenti un peu de soulagement de la journée, en pensant que la fête s'était bien déroulée jusqu'à la fin. Soudainement, j'ai senti ma tête tourner. Tous les objets de la pièce commençaient à tourner autour de moi. Je ne pouvais pas garder mon corps en équilibre.

Je perdais et reprenais conscience, et j'ai commencé à vomir jusqu'à ce que mon corps se torde de douleur intense. Ma femme fut tellement effrayée qu'elle se hâta vers une pharmacie. Elle acheta des médicaments pour moi, mais je ne pus rien avaler, même pas de l'eau. Je vomissais tout ce que j'avais. Mes vomissements ont continué toute la nuit jusqu'à ce que seule de l'eau jaunâtre vienne. Ma douleur était extrêmement forte, comme si mes intestins étaient de force poussés dans ma gorge.

J'étais habitué à boire de l'alcool depuis ma jeunesse. Lorsque mes côtes ont été blessées par accident, mes parents m'ont donné une liqueur spéciale faite avec un serpent. Cette liqueur de serpent a guéri mes blessures de mieux en mieux, et cela a entraîné mon corps à se fortifier contre l'alcool. Depuis lors, j'étais devenu fier de ma résistance à l'alcool, et cela a poussé mes amis à m'appeler 'Mr Alcool'.

Lorsque j'ai bu avec mes amis lors de la fête, l'alcool était d'un type très fort, du whisky. La soirée précédente, j'avais apporté quarante bouteilles de 720 ml, et mes amis en ont apporté même plus.

(Plus tard, je me suis rappelé combien j'avais bu ce soir là. C'était à peu près cinq bouteilles).

En tant que hôte de la fête, je n'étais pas supposé refuser de porter un toast. C'est pourquoi, afin de ne pas être saoul trop tôt, j'ai mis du sucre dans mon verre avant de boire. J'aimais beaucoup les choses douces, et j'étais fort assez pour battre qui que ce soit dans la boisson. C'est pourquoi je n'ai eu aucun problème ce jour là, et je n'ai pas arrêté de boire sans précaution. C'était cependant trop. C'était une folie de ma part de ne pas avoir senti que je me faisais du mal. Je pouvais mourir. Mon estomac s'est arrêté de fonctionner à cause de l'alcool qui était en trop grande quantité et trop fort. Je n'étais pas fait de fer.

Cela s'est produit un dimanche de mars 1968.

Mon corps était un entrepôt de maladies

Au commencement, ma femme et moi ne nous sommes pas tellement souciés à mon sujet. Nous pensions que j'avais été malade parce que j'avais trop bu. Mais les prescriptions du pharmacien ne me faisaient aucun bien. Donc, en tant que reporter, j'ai commencé à récolter des informations pour trouver le meilleur remède. J'ai essayé différentes sortes de médicaments occidentaux et orientaux. Aucun d'eux ne fonctionnait. J'avais des problèmes plus sérieux. Jour après jour, ma digestion devenait plus faible, et mon corps s'émaciait.

J'ai fini par aller voir un médecin dans un grand hôpital moderne, qui m'a dit que je n'avais rien de plus sérieux qu'un petit ulcère à l'estomac. J'ai pris ses traitements pendant un temps assez long, mais je n'ai vu aucune amélioration. Pendant ce temps, mon corps devenait de plus en plus faible de sorte que toutes sortes de complications se sont déclarées partout dans mon corps, telles qu'un ulcère à l'estomac, un pauvre appétit, perte de poids, dépression nerveuse, forte migraine, anémie pernicieuse, sinusite, infection auriculaire, des gelures, le pied d'athlète, inflammation des lymphes, dermatite et eczéma. J'avais plus de maladies que celles dont je n'ai jamais connu le nom. Je me sentais comme un entrepôt de maladies.

Un jour, mon père m'a amené chez un docteur herboriste réputé. Il m'a complètement examiné et a dit, « Ceci est un miracle. Comment peux- tu encore être vivant ? » Il découvrit que mon brusque excès de liqueur avait pratiquement brûlé mon estomac et arrêté son fonctionnement. C'est la raison pour laquelle je ne pouvais digérer aucune nourriture pour nourrir mon corps. Mon estomac et mes intestins ne pouvaient absorber aucune nourriture afin que les organes puissent travailler. Et ainsi, mon corps perdit la capacité de combattre les maladies. Le mauvais fonctionnement de mon estomac a causé l'arrivée de nombreuses complications. Aucune partie de mon corps n'était épargnée. Mon corps ressemblait à une zone de guerre.

Tout en combattant mes maladies, j'ai commencé mon combat pour recouvrer ma santé. C'était un combat misérable et solitaire.

Uniquement si je puis être guéri

Au commencement j'ai fidèlement suivi les prescriptions que les pharmaciens, les médecins herboristes et les médecins modernes m'avaient données. Je semblais récupérer d'une maladie, mais une autre la remplaçait. Pendant plus d'un an je me suis appuyé sur des traitements médicaux modernes. Malheureusement, ma condition continuait à empirer.

J'ai du quitter mon travail. Je n'avais aucun revenu, mais mes frais médicaux ne cessaient de grimper. Par conséquent, notre condition de vie est devenue misérable. Je ne pouvais cependant pas perdre le combat contre mes maladies. J'étais incapable de payer les factures de l'hôpital et aucun médecin ne pouvait me guérir. J'ai donc du trouver d'autres moyens de combattre. Si quelqu'un me proposait une idée pour une cure, j'empruntais l'argent pour l'appliquer.

« Vas dans un temple Bouddhiste, et adore Bouddha pendant 100 jours. »
« Invite un exorciste pour pratiquer un rituel shaman. »
« Tu ferais mieux de placer une idole dans ta chambre. »
« Tu dois changer ton nom. »

Je m'étais identifié en tant qu'athéiste, mais j'ai essayé d'adorer n'importe quelle idole, espérant une guérison. Un jour, on m'a dit de prendre un bain, de porter des vêtements neufs et de me coucher sur une couverture. Ensuite un poulet était placé près de mon oreiller comme un rituel pour chasser le mauvais esprit qui m'avait donné les maladies. Ma femme a saisi un couteau, a récité une incantation et avec une entière concentration, elle s'est précipitée pour frapper le poulet.

Maintenant, je pense que c'était ridicule. A moins d'avoir souffert, vous ne pouvez pas comprendre que nous n'avions pas de choix si ce n'est d'essayer tout ce qui est possible.

J'ai grincé des dents dans mes efforts pour rester en vie. Ma femme et ma mère m'ont apporté tout ce qui était suggéré être utile et me l'ont donné. J'ai mangé des mille pattes mijotés, l'écorce d'un arbre verni, de la viande de chat, et même la vessie d'un chien et d'un ours, et j'ai bu de la liqueur dans laquelle un serpent avait macéré.

Trois ans plus tard, j'avais un problème dans les jambes. Lorsque je marchais, je ressentais une douleur lancinante dans mes genoux, de sorte que je ne pouvais me tenir debout longtemps. Le médecin m'a dit que c'était de l'arthrite rhumatismale. Après avoir essayé différents remèdes sans résultat, j'ai appris que la viande de chat était bonne pour l'arthrite rhumatismale. En ce temps là, ma femme travaillait dans un marché à Gumho-dong. Chaque fois qu'elle voyait un chat, elle l'achetait et le bouillait pour moi. Si la viande de chat était mal bouillie, l'odeur me faisait pratiquement vomir lorsque j'essayais de la manger.

Je ne puis imaginer combien de chats j'ai mangé. Il n'y avait plus de chats dans la région de Sundong-gu, et nous devions aller au marché de Namdaemun et celui de Joongboo pour avoir des chats. Mon unique souhait était de marcher.

J'ai même bu de l'eau d'excréments humains

Tandis que le temps passait ma condition empirait de sorte que je ne pouvais plus aller moi-même aux toilettes. J'avais besoin de quelqu'un pour vider mes déchets. C'est alors qu'un homme s'est présenté. Il était comme un sauveur pour moi.

« Veux-tu rester en vie ? Je connais un moyen pour toi. »
« Quel est- il ? S'il te plaît, dis- moi ! »
« Tu as été beaucoup battu lorsque tu étais jeune, n'est-ce pas vrai ? Le sang mort s'est accumulé dans ton corps, et t'a amené à devenir malade. Uniquement l'eau des excréments, filtrée au travers d'épines de pin dans la fosse sceptique va te guérir. »

Ma mère et ma femme dansaient pratiquement de joie, et ma poitrine s'est gonflée d'espoir. Nous nous sommes empressés de retourner vers ma ville natale. Ma mère a placé les épines de pin sur le dessus d'un pot et a placé le pot dans la fosse sceptique. Le jour suivant, elle a tiré sur la corde pour remonter le pot. Un peu d'eau s'était accumulée dans le pot pendant la nuit. Maman a versé cette eau dans un bol et m'a apporté ce bol en le tenant dans les deux mains.

J'ai bu l'eau à trois reprises chaque jour pendant quinze jours sans manquer une seule dose. Malgré l'odeur abominable, j'ai réussi à boire chaque dose. Si j'essayais de boire l'eau directement dans le bol, cela me donnait des nausées. Ainsi, je la buvais avec une paille afin d'éviter de la sentir sur ma langue. Elle passait directement dans ma gorge, mais malgré tout, elle puait horriblement. Je devais brosser mes dents pendant près de dix minutes et sucer des bonbons, mais ma bouche ne semblait toujours pas propre.

Mon combat avec les maladies n'était pas encore terminé. J'ai finalement reçu de très puissantes pilules fabriquées en Allemagne et qui étaient utilisées pour des patients lépreux. Ils ont dit que ces pilules étaient les seuls médicaments capables de guérir les maladies de la peau, qui étaient répandues sur tout mon corps. J'ai pensé 'Si je puis seulement être guéri, pourquoi pas ?' De l'eau d'excréments ou un médicament pour la lèpre, je l'essayerai.

Mon combat en vain

Mes combats résultèrent dans la misère. J'ai appris deux faits importants : l'un était que dans ce monde il y avait des maladies incapables de guérir par la science médicale, aucun dieu, ni aucun remède ancestral. L'autre était que mon corps était entièrement misérable et détruit en dehors de toute restauration.

Je manquais mes fortes jambes et mes oreilles en bonne santé. Je souhaitais réellement retrouver mon corps propre et ma pensée claire. Sans égard pour mon désir pour la santé, la déesse de la mort me faisait signe en me poussant vers la porte de la mort.

Mon combat commença à perdre de la force comme un papillon dont les ailes sont coupées. Seule ma fierté, qui n'a jamais permis à personne de me battre me maintenait en vie, combattant contre la mort. Malgré que ce combat terriblement long m'ait complètement épuisé, je savais que mon combat n'était pas encore terminé.

Comme le temps passait

Ma femme, chef de notre famille

Tout comme quelqu'un qui essaye d'échapper à un marais, au plus je luttais, au plus je m'enfonçais. Mon combat apportait plus de maladies et amenait ma maison au dépérissement.

Ma femme a pris soin de moi, son mari malade, avec dévotion, malgré que nous n'ayons eu qu'une très courte lune de miel. Elle était plus que sage et très capable. Si elle entendait quelque chose qui pouvait m'aider, elle la prenait pour me nourrir. Peu importe combien c'était dur pour l'obtenir, ou quelle distance elle devait parcourir pour se la procurer, elle voulait le faire pour moi. Rien n'était impossible ou trop honteux pour elle pour qu'elle le fasse pour ma restauration.

Occasionnellement, lorsque quelque chose heurtait ses sentiments, elle se mettait en colère et faisait ses bagages pour retourner chez ses parents. Elle était parfois une femme au tempérament chaud. Pendant de nombreuses années je n'avais montré aucune amélioration dans ma santé et ma femme avait souvent quitté la maison. Ces circonstances m'ont conduit à une phase terrible dans l'économie de ma maison. Ma femme devait emprunter plus d'argent pour rembourser les dettes antérieures. Lorsque ma femme était trop pressée par les créanciers, elle fuyait la maison, demandant le divorce. Voir ma femme me quitter était suffisant pour déchirer mon cœur. Heureusement, la plupart du temps, ma femme revenait après quelques jours.

Un jour, elle est revenue avec un visage radieux.

« Chéri, ma sœur aînée m'a donné 100.000 Won (83 $ US). Avec cet argent, je vais ouvrir un magasin dans le marché. »

Quelques jours plus tard, elle a ouvert un magasin dans le marché de Gumho. Elle a commencé sa vie en tant que chef de notre famille. Dans son magasin, elle vendait du Kimbap (du riz cuit entouré d'algues séchées), des beignets, du pain, des plats frits, des nouilles et même des boissons alcoolisées. Elle quittait la maison tôt le matin pour acheter les ingrédients pour les snacks et revenait à la maison juste avant minuit. Elle travaillait de nombreuses heures afin de faire autant d'argent que possible.

Je restais généralement seul à la maison, lisant des livres et jouissant de mes rêves. Lorsque je m'ennuyais trop, je sortais jusqu'au croisement des trois routes où je m'asseyais sur le banc en bois, regardant les gens qui jouaient au Badook (le jeu territorial qui se joue avec des pierres blanches et noires) ou le Hwatoo (un jeu de cartes coréen).

Qui me comprendrait, moi qui n'avais pas d'autre choix

que de passer mon temps de manière aussi inutile, alors que je devrais être le chef de ma maison.

Mes pauvres filles

J'avais deux filles, qui ajoutaient à mon mal au cœur. Ma première fille, Miyoung grandissait en me voyant toujours malade. Elle était née avec un bon cœur. Elle m'aidait toujours, parfois elle était mes mains et mes jambes, et parfois une amie. Lorsqu'elle sortait, elle ne restait pas absente longtemps afin que je ne me soucie pas pour elle. J'étais désolé que beaucoup de maladies aient infecté sa peau également, et elle a souvent été malade parce que nous étions incapables de veiller convenablement sur elle.

Ma seconde fille Migyoung, que je voyais rarement a été envoyée à ma mère. Migyoung était sevrée lorsque sa mère a ouvert un magasin. Elle a grandi sous les soins attentifs de sa grand-mère à la campagne. Son visage était le mien. Les autres membres de la famille ne l'aimaient pas parce qu'elle leur faisait penser à moi, leur sujet de migraine à tous (un membre de la famille malade depuis longtemps). Elle était pratiquement abandonnée et elle devait jouer seule. Lorsque je l'ai vu mordre dans une couverture sale avec sa bouche, mon cœur était désespérément blessé.

Malgré que Migyoung soit trop jeune pour nous quitter, ma femme l'a envoyée à la campagne et a travaillé même plus fort pour gagner plus d'argent. Elle savait que je pourrais mourir avant de demander de l'aide à mes parents. Elle devait gérer notre existence et payer pour mes médicaments et les dettes qui grandissaient chaque jour. On lui demandait de rembourser les créanciers, et en plus elle devait trouver de nouvelles sources par lesquelles elle pouvait emprunter de l'argent afin de payer les intérêts. Elle gagnait un peu d'argent, mais c'était insuffisant pour couvrir l'intérêt quotidien de l'argent que nous avions emprunté. L'économie de la maison devenait sans aucun doute de mal en pire. Je me haïssais, parce que je ne pouvais rien faire pour ma femme qui était chaque jour surmenée.

Un jour, extrêmement harassée par les créanciers, ma femme se plaignait à moi. « Qu'es tu, hm ? Je ne crois pas cela. Es- tu un homme ? Je t'ai épousé. Comment peux- tu me faire sortir pour gagner de l'argent ? Je n'ai pas besoin de ton amour. J'ai besoin d'argent ! Donne- moi de l'argent ! »

Elle semblait folle. Elle criait. Elle m'arrachait ma fierté et a quitté la maison. Elle n'est pas revenue pendant un certain temps. Miyoung cherchait sérieusement sa mère. « Papa, pourquoi maman ne rentre-t-elle pas à la maison ? Travaille-t-elle au magasin ? Allons la voir, papa. »

Lorsqu'elle m'a donné le bâton qui se trouvait dans le coin de ma chambre, elle pleurait. Je ne pouvais plus le supporter. Je lui ai demandé d'aller me chercher une bouteille de liqueur et un paquet de cigarettes. J'ai bu. J'ai bu pour oublier ma culpabilité d'imposer trop de fardeaux à ma femme, pour me débarrasser de la haine de ma femme et pour ne pas sentir ma propre douleur. J'ai bu et bu, oubliant mon corps malade.

'Lorsque ma mère m'a dit, « Tu ferais mieux de mourir, » je me suis dit « Reste en vie ! » J'ai tout fait pour revivre. Mais maintenant, même ma femme m'abandonnait. Ma femme m'avait quitté !'

Comme le temps passait

La fumée de ma cigarette s'accumulait dans l'air, se dissipait et disparaissait pour de bon. Parallèlement, mon cœur quitta aussi ma femme. Et mon aspiration pour la vie disparaissait aussi. 'Bon, maintenant, tout le monde m'a abandonné ! J'ai pourtant de la liqueur. Cela m'aidera à oublier la douleur. Et ma cigarette me réconfortera de ma tristesse. Pas de problème !'

Ma femme est revenue et a dit froidement, « Je ne suis pas revenue pour te voir, mais pour voir Miyoung. Ne te trompe pas. » Je me suis senti misérable du fait d'écouter une telle assertion glaciale et de ne pas répondre, comme un mari le devrait. J'étais inquiet à cause de son attitude vicieuse à mon égard.

A partir de ce moment, mon état de santé s'est rapidement dégradé. Je ne me sentais plus combattre pour la vie, parce que personne ne m'aimait. Je décidai donc de vivre à ma propre convenance. Je n'avais aucun désir de vivre une vie normale. Je me laissais simplement conduire par la vie. J'ai continué à boire et à fumer pour calmer ma colère contre ceux qui m'avaient abandonné. Je ne pouvais pas choisir de mourir.

'Combien j'étais fou ? Il semblait que je n'avais pas de colonne vertébrale. J'étais malade à cause de la boisson. Ma maladie a poussé mes parents, mes frères, mes sœurs et mes amis à m'abandonner. Je considérais donc l'alcool comme un ennemi. Mais maintenant, j'essayais cependant de trouver du réconfort dans l'alcool en tant qu'ami. Combien cela est-il ironique ?

Il y avait toujours une sorte d'alcool à ma table. Si je ne buvais pas, je ne pouvais rien faire, parce que mes mains tremblaient et je me sentais en déséquilibre. Je ne pouvais manger aucune nourriture sans alcool. J'étais devenu un alcoolique.

Ma vie était vécue au jour le jour. Je n'avais aucun concept du lendemain dans ma conscience. J'étais une mouche d'un jour. Chaque jour était suffisamment douloureux. Comment pouvais-je attendre avec impatience demain, qui ne pouvait être qu'aussi douloureux qu'aujourd'hui ? J'ai bu de plus en plus pour oublier la douleur de chaque jour. Ma santé était détruite. Et ma vie était hors contrôle comme une feuille qui flotte sur l'eau dans un courant rapide.

J'étais trop fou

J'étais plus que fou. Je regrette d'avoir instinctivement gaspillé ces jours. J'aurais du faire attention à ma vie.

'Une fois que le temps est passé, il ne revient jamais. Pourquoi ai-je géré mon temps précieux et ma vie de manière aussi misérable ? J'aurais du essayer de supporter la douleur de ma vie avec sagesse. Je n'aurais pas du regarder à la douleur présente, mais plutôt regarder avec espoir vers le futur. Dieu aide ceux qui s'aident eux-mêmes. Chaque nuage a une garniture argentée.'

Comme j'avais renoncé au désir de survivre, ma vie était devenue un courant sans fin de jours sans aucun sens. Sans aucune conscience malgré que je mangeais, buvais et dormais comme un animal sauvage. Je n'avais pas de plaintes et pas d'espérance. Etre vivant chaque jour était suffisant pour moi, et je pris l'habitude de vivre de cette manière. Combien cela était-il fou ?

Chacun fait face à la mort tôt ou tard, passant éventuellement les parvis de la mort. Ils disent que la mort la plus heureuse est de mourir rapidement avant de ressentir de la douleur. Malheureusement, j'ai passé sept longues années sur le parvis de la mort, ni mort, ni vivant. Le temps passait comme un torrent, mais ma vie faisait marche arrière avec mon cœur gelé. J'étais comme Jonas qui avait été emprisonné dans un poisson en haute mer.

2
LE MIRACLE

L'Affection

Affection est un mot qui signifie gentillesse et chaleur. L'affection est montrée entre des voisins qui communiquent entre eux. Les parents ont de l'affection pour les enfants qu'ils ont mis au monde et élevés. Une autre affection est entre la belle mère et la bru, étant mélangée jusqu'à un certain niveau avec de la haine et des obligations. On peut donc dire que les gens vivent par l'affection.

Qu'est ce que alors l'affection ? Le dictionnaire dit, 'L'affection est la gentille et aimante expression du cœur entre les gens.' En bref, l'affection est un genre d'amour que donne l'humanité. L'homme est un animal social. Depuis la naissance, vous devez vivre avec les autres. Vous pouvez grandir par le lait et l'amour que vous donne votre mère. Si on vous fournit le lait, mais que l'amour est retenu, vous êtes capables de grandir pour devenir un problème pour la société à cause du manque d'amour.

L'affection est donnée et reçue par différentes sources. A la maison lorsque vous êtes enfant, à l'école en tant qu'élève, et dans votre lieu de travail en tant que membre de la communauté. Un autre type d'affection est donné et reçu entre des êtres aimés, des époux et entre les parents et les enfants. De la même manière, les gens en tant qu'animaux sociaux vivent leurs vies, donnant et recevant de l'affection jusqu'à la mort. Chacun a besoin d'affection pour mener une vie qui en vaut la peine.

Pendant les sept années misérables de ma vie où je me tenais dans le seuil de la mort, j'ai appris comment analyser si l'affection montrée dans différentes relations est vraie ou fausse. J'ai appris à savoir que l'affection n'est pas l'amour véritable.

L'affection entre des gens qui se connaissent

Au travers des échanges de lettres avec des correspondants, j'ai rencontré ma femme actuelle. Lorsque j'étais jeune, je sortais. En vieillissant mes dents abîmées de vilain aspect m'ont rendu timide et calme avec une nature intravertie. Je ne montrais de l'intérêt pour aucune fille. Donc, lorsque j'ai rencontré ma femme pour la première fois, je n'ai pas pu bien parler, malgré que nous parlions beaucoup dans nos lettres.

« Je, je…. Mon nom est Jaerock Lee. »

« Mon nom est Boknim Lee. »

Malgré que ce soit notre premier entretien, nous

pouvions sentir quelque chose comme de l'affection qui grandissait en nous. A partir de ce moment, nous nous sommes appelé 'Frère' ou 'Sœur', cultivant ainsi notre amour. Si nous ne nous étions pas présenté lorsque nous nous sommes rencontré pour la première fois, mais que nous étions resté calmes, sans conversation et sans ouvrir notre cœur, nous n'aurions pas ressenti d'affection.

Ma nièce qui m'a présenté ma femme en tant que correspondante, a été surprise d'entendre parler de nous. Elle avait voulu me faire rencontrer un correspondant pour le plaisir, pas pour l'amour. Elle nous a découragé de nous marier.

L'affection entre mari et femme

Nous nous sommes promis de nous marier. J'aimais sa personnalité active, bonne et pleine de compassion, et elle aimait ma personnalité directe, la chaleur de mon cœur et ma sensibilité. Nous avions besoin l'un de l'autre. Nous avons décidé d'être unis comme une seule chair et nous nous sommes donc mariés.

Peu de temps après notre mariage, je suis devenu soudainement malade. J'ai du quitter mon travail à cause de ma maladie, et je n'étais donc plus capable de gérer notre existence. Ma femme avait de l'affection pour moi en tant qu'épouse. Elle a tout fait pour trouver un remède pour moi et a travaillé dur pour gérer notre vie. Si elle n'avait pas d'affection pour moi, elle aurait fui ou ne se serait pas dévouée pour moi du tout.

Cependant, si elle m'avait véritablement aimé en tant que mari, elle n'aurait pas tout fait pour me donner mal au cœur.

« Je vais divorcer de toi. Pas maintenant cependant. Si je le fais maintenant, tout le monde va mal parler de moi en disant, 'Elle a rejeté son mari quand il était malade.' Lorsque tu seras guéri, j'aurai le divorce. »

Je pouvais sentir qu'elle ne m'aimait plus dans son cœur. Elle essayait seulement de maintenir notre statut marital parce que les autres pourraient mal parler d'elle. Son amour devint froid, comme je ne pouvais lui donner aucun avantage, mais uniquement être un fardeau pour elle. Si elle possédait l'amour véritable d'une épouse, elle aurait enduré toute douleur et fait tout sacrifice. Elle ne se serait pas comportée durement et elle n'aurait pas blessé mon cœur.

L'affection entre les parents et les enfants

Un homme et une femme unis dans la chair conçoivent un enfant comme un fruit de leur amour. C'est pourquoi on dit que l'affection entre les parents et leurs enfants ne peut pas être coupée. Lorsque ma mère qui m'avait tant aimé lorsque j'étais un enfant, m'a dit de mourir, j'ai pu réaliser qu'il n'y avait pas d'amour véritable entre les parents et les enfants.

Il y a un proverbe qui dit, « Une longue maladie ne peut faire un bon fils. » Ma longue maladie ne pouvait pas rendre mes parents bons à mes yeux non plus. Loin d'être un bon fils, je mourais de maladies. Mon père s'est éloigné de moi parce qu'il avait peur que son statut social puisse être secoué à cause de moi. Et ma mère m'a dit de mourir parce qu'elle ne pouvait pas supporter plus longtemps la douleur dans son cœur. Je ne crois pas que mes parents avaient un amour véritable pour moi. Si c'était le cas, ils n'auraient pas voulu que je meure, même si j'avais été fortement handicapé ou si j'avais commis un crime grave.

Arriver dans un cul-de-sac

Je n'ai pas pu trouver d'ami véritable parmi mes amis. Un ami dans la détresse est un véritable ami. Lorsque je souffrais de maladie, j'ai découvert qu'il est difficile de trouver une véritable amitié. Certains de mes amis m'ont beaucoup aidé, cherchant des remèdes ici et là. Cependant, lorsqu'ils se sont rendus compte que je n'avais aucun espoir de restauration, tous m'ont quitté. L'amitié est bonne, mais pas toujours permanente.

Qu'en est- il de mes frères ? Pouvaient- ils m'apporter de l'amour véritable après que nos parents aient abandonné ? Dans mon village natal, on disait que nous avions une merveilleuse fraternité. Mes frères m'ont dit, « Jaerock, ne t'en fait pas. Nous te supporterons, frère. Aucun souci, OK ? » Et ensuite, ils n'ont pas respecté leur parole. Ils ont arrêté de m'aider financièrement dès qu'ils ont réalisé que m'aider serait équivalant à remplir un tonneau sans fond avec de l'eau.

Les gens vivent leur vie en s'aimant les uns les autres.

J'ai vu beaucoup de gens arrêter d'aimer quelqu'un lorsqu'ils ne peuvent pas recevoir d'amour de cette personne. Cela peut- il être un véritable amour ? Au travers de mes sept années de souffrances j'ai appris à savoir que l'affection entre les gens dans ce monde n'était pas de l'amour véritable. J'étais triste de savoir cela :

L'affection est l'amour de l'humanité.
L'affection n'est pas un amour véritable.
L'affection est un amour qui change.
L'affection n'est pas un amour sincère.
L'amour véritable est celui pour lequel vous mourriez.
L'amour véritable ne change jamais.
L'amour véritable n'existe pas dans ce monde.
Il n'était pas dans les parents.
Il n'était pas entre mari et femme.
Il n'était pas parmi les frères.
Il n'était pas entre parents et enfants.
Il n'était pas non plus dans l'amitié.

Un corps malade et un cœur brisé

En Mars 1968, un incident cauchemardesque m'arriva. Quelques heures de réjouissance ont saisi ma santé et je ne les ai jamais retrouvé. Je commençai à célébrer un travail et mon mariage, et ensuite, seules la douleur et les maladies sont restées. J'ai bu trop de liqueur forte, et cela a détruit mon estomac qui s'est arrêté de fonctionner.

Mon corps est devenu malade

Mon estomac s'est arrêté de fonctionner, causant tous mes organes à devenir de plus en plus faibles. Des vomissements, des syncopes, des indigestions et une migraine m'attaquaient fréquemment. De nouveaux symptômes sont apparus m'amenant aussi à souffrir de perte d'appétit, de fatigue, d'éruptions, de chatouillements, de perte de motivation et d'énergie. Mais ce n'était pas tout. Ma bouche était remplie d'ulcères, et les rhumes et la toux ne me quittaient pas parce que ma résistance avait diminué. J'avais une infection dans une oreille qui suintait continuellement.

Lorsque j'étais en quatrième primaire, il y avait un professeur dont le surnom était « Mr. Fou ». Un jour, il me vit jouer le jeu 'Sabee' avec mon ami. Il croyait que nous luttions. Il nous appela et nous demanda de nous frapper mutuellement sur la joue sans poser aucune question. Il n'y avait aucune raison pour moi de frapper mon ami, et je me tenais donc debout. Alors Mr. Fou me frappa follement sur le visage. J'étais choqué d'être traité de la sorte par un professeur. Et j'ai eu le tympan déchiré. Après cela, Mr. Fou a été chassé de l'école.

Depuis ce temps là, j'avais un problème d'audition, aussi, je devais regarder les lèvres de l'orateur très attentivement. A moins d'être certain de ce que l'orateur avait dit, je ne répondais pas. Cela devint ma nouvelle habitude. Plus tard, un problème se développa dans l'autre oreille. L'infection empira, suinta plus et sentait mauvais.

Souvent, je ne pouvais pas entendre des sons doux. Si quelqu'un m'appelait de derrière ou lorsque je parlais au téléphone, j'étais embarrassé parce que je ne pouvais pas bien entendre. Lorsque je parlais à quelqu'un face à face, j'avais des sueurs froides. Lorsque mon téléphone sonnait, je quittais la pièce parce que mon cœur commençait à battre fort. Alors les gens commencèrent à me lancer des regards bizarres, de sorte que j'avais l'impression d'être traité comme un fou, et un complexe d'infériorité a commencé à m'envahir.

Un genre de dépression nerveuse m'accaparait. Je devais quitter mon emploi en tant qu'homme de presse et je ne pouvais trouver un nouveau job. J'étais presque sourd, et ainsi je ne pouvais pas tenir une place normale dans ma communauté.

En Eté, un pied d'athlète et en hiver, des gerçures sur les oreilles et les pieds se développaient et cela me gênait terriblement. Les démangeaisons étaient trop dures pour que je puisse les endurer. Pour rendre les choses pires, tout mon corps me démangeait et des éruptions apparaissaient partout. Lorsque je me levais le matin, je trouvais que du pus avait suinté de mes furoncles. Ma femme m'avait verbalement abusé tant de fois que je n'osais pas lui parler de mes furoncles. Ces furoncles se répandaient partout sur mon corps, et l'inflammation devenait de pire en pire, de sorte que je ne pouvais plus les cacher à ma femme. « Tu n'as plus qu'une seule chose en bonne santé, les yeux. Combien cela est bien ! Quel genre de personne es- tu pour avoir toutes sortes de sales maladies ? »

Même dans mon nez j'avais un problème. Je ne m'étais pas rendu compte que j'avais une infection des sinus. Ma tête était toujours lourde, mon nez était bouché, et je perdais ma capacité de mémoire.

Bien sûr, mon cou ne pouvait pas être normal. Au début, mon conduit lymphatique était gonflé, et ensuite j'ai senti quelque chose de solide dedans. La masse solide grandit jusqu'à la taille d'un haricot et puis grandit jusqu'à la taille d'une grappe. Cette masse pesait sur mon cou de sorte que chaque fois que je tournais la tête, je ressentais de la douleur.

Malgré que j'eusse beaucoup de maladies, mes vêtements pouvaient masquer mes maladies de peau. Je pourrais avoir paru faible aux autres gens, mais ils m'auraient traité comme une personne en bonne santé, sauf que l'arthrite rhumatismale affectait mes genoux. En 1972, je commençai à ressentir de la douleur dans mes genoux lorsque je marchais. Rapidement, je fus dans l'incapacité de marcher. Je devais m'appuyer sur une canne pour aller aux toilettes. Parfois j'avais besoin de quelqu'un pour vider mes ordures.

C'était dur pour moi de supporter ma douleur physique parce que j'avais l'habitude d'avoir un corps en très bonne santé. Mais une douleur pire encore allait suivre, qui était mentale et que personne ne pouvait comprendre.

Je ne pouvais pas entendre

En tant qu'homme malade, j'avais beaucoup de regrets. Mon regret était dérivé de mon incapacité d'entendre. Malgré que j'observasse attentivement les lèvres de l'orateur, si j'étais dans une cafétéria bruyante ou des endroits bondés, je ne pouvais pas saisir ce qu'il disait. Je répondais donc parfois avec de mauvaises réponses ou bien je ne pouvais pas répondre. Alors, je ressentais de la honte avec un complexe d'infériorité.

J'avais une fierté violente, et j'ai donc essayé de cacher mon incapacité d'entendre. Cela me faisait ressentir de la douleur. Même mon frère aîné qui avait habité dans la même maison pendant plusieurs mois, ne savait pas que j'entendais mal. C'était un homme au tempérament chaud, c'est pourquoi, il ne pouvait pas comprendre que moi, son frère cadet, j'observais ses lèvres et parlais très lentement. Il me giflait souvent parce que je ne pouvais pas bien le comprendre.

Je ne pouvais pas manger

Certaines personnes disent 'les affaires après le plaisir'. La nourriture est très essentielle pour les êtres humains. Que se passe-t-il si quelqu'un ne mange pas ? Chacun a le désir instinctif de manger. Si vous perdez le plaisir de manger, vous ne ressentirez aucune joie dans votre vie.

Parfois, je ressentais un fort désir de manger de la viande. Alors ma femme cuisinait pour moi un plat spécial de viande très tendre. Malgré qu'elle battait et coupait partiellement la viande, elle demeurait souvent dans mon estomac et provoquait une intense douleur. Cependant, après un temps court, ce désir de manger de la viande me revenait. Je ne pouvais cependant pas me forcer à manger la viande, me souvenant de la douleur intense.

« Chérie, quand pourrai-je manger de la viande avec du riz autant que je le voudrais ? »

Ma femme savait que ce jour ne viendrait jamais. Mais elle disait avec confiance « Ne t'inquiète pas. Un jour tu pourras manger autant que tu le veux. Alors, je te montrerai ma meilleure recette. Mais ne mange pas trop. »

Je ne pouvais pas bien manger, c'est pourquoi, mon poids diminuait encore et encore et mon visage devenait de plus en plus squelettique. Lorsque je me regardais dans un miroir, « Oh, non, qui est ce ? » demandais-je à voix haute. De grands yeux, les os des joues proéminentes, des joues tombantes, des oreilles répugnantes et une peau rugueuse…. Il était impossible de retrouver dans tout cela mes caractéristiques originales.

Je ne pouvais pas marcher

Pour respirer de l'air frais, je pouvais aller à l'extérieur pendant un moment, m'appuyant sur une canne pour marcher. Lorsqu'il me devint totalement impossible de marcher, ma vie devint comme une prison sans fenêtres. Uniquement le fait de rester dans une pièce était trop étouffant pour moi à un âge tellement jeune. Je me sentais profondément misérable parce que je n'avais pas d'endroit où travailler, malgré que je désirasse un travail. Je ne pouvais rien faire en tant que chef de famille, ni en tant que mari. Ceci me donnait un sentiment de culpabilité qui oppressait mon cœur.

Ma femme ne comprenait cependant pas ce que je ressentais. Elle déchirait souvent mon coeur.

Je ne pouvais pas gagner d'argent

Nos créditeurs avaient poursuivi ma femme. Son amour pour moi s'était progressivement refroidi. Elle était devenue une esclave de l'argent. Elle croyait que l'argent était la réponse à tout malheur. Mais elle avait l'habitude de dire qu'elle était heureuse uniquement par mon amour.

« L'argent me rend heureuse. J'ai besoin d'argent, pas toi ! A moins que tu ne gagnes de l'argent, ne me commande pas, OK ? C'est toi qui as apporté toutes ces difficultés, vraiment toutes ! »

Chaque fois qu'elle fuyait, elle ne revenait jamais d'elle-même à moins que je ne vienne la chercher. Elle ne vivait pas avec moi parce qu'elle m'aimait en tant que mari, mais parce qu'elle y était obligée en tant que ma femme. Lorsque j'ai réalisé le fait qu'elle restait avec moi uniquement à cause de l'affection pour nos enfants, mon cœur a été profondément blessé et il était incapable de guérir. Mon amour pour elle s'est donc refroidi, et un profond regret a pris la place.

Mon cœur a été déchiré

La douleur que me donnait ma femme était supportable, parce que tout était basé sur l'argent. La douleur insupportable cependant, vint de la colère de la famille de ma femme envers moi. Elle a du énumérer toutes ses plaintes contre moi devant sa famille lorsqu'elle est restée avec eux après avoir fui.

« Tu vois, on te l'avait dit, 'Ne te marie pas avec lui.' Pourquoi était- il aussi empressé de t'épouser ? Il était sûrement malade avant de t'épouser. Si ce n'était pas le cas, comment se fait- il qu'il ne puisse pas travailler et gagner de l'argent maintenant ? »

« Il t'a roulée ! »

« C'est un menteur ! Un menteur qui a de l'assurance ! »

Finalement la famille de ma femme s'est présentée ensemble et s'est plainte à moi.

« Eh toi, le paralytique, beau fils ! Parle- moi, qu'est ce qui ne va pas avec ma fille ? » Ils ont exagéré notre discussion et ont dit que je l'avais frappée.

« Eh, beau fils, pourquoi ne divorces-tu pas ? Je crois que cela vaut mieux pour tous les deux. »

« Es- tu un homme ? Comment peux- tu laisser ta femme travailler comme cela ? N'en a-t-elle pas fait assez ? »

« Toi, stupide paralytique ! Ne dis rien ! Nous te demandons de divorcer tout de suite ! »

Ils ont crié assez fort sur moi pour que mes voisins puissent entendre, et puis m'ont quitté, comme s'ils n'avaient rien fait de mal. Combien est ce méprisant et blessant ! C'est au-delà de ce que les mots peuvent exprimer. Ils ne connaissaient rien de mon cœur. Ils ont uniquement regardé à mon corps malade et m'ont traité de paralytique. Ils n'ont jamais essayé de comprendre comment je me sentais dans la maladie. Ils m'ont seulement blessé, se plaignant de ce que je ne leur étais d'aucune aide. Ce qu'ils m'ont fait est inhumain. Ce n'était pas de l'affection. Ce n'était pas de l'amour.

Lorsque je suis devenu malade, les gens m'ont abandonné l'un après l'autre. D'abord, ils m'ont chassé de leur cœur et puis m'ont abandonné. J'étais tellement blessé de voir que je sois oublié et abandonné. Personne ne vint me réconforter. Lorsqu'ils ont appris que j'étais malade, ils sont venus m'apporter leur pitié et m'ont un peu aidé. Mais lorsqu'ils ont su que je n'avais aucun espoir de restauration, tous m'ont laissé seul. Aucun d'eux ne m'aimait vraiment. S'ils m'ont laissé quelque chose, c'est ma douleur incurable et mon cœur brisé.

Que feriez-vous, si un de vos parents ou votre épouse était malade pendant des années ? Comment traiteriez-vous votre parent ou votre épouse s'il (elle) était lépreux ou atteint du Sida ? Détourneriez-vous votre face, parce que cette personne ne vous donne que de la migraine ? Harcèleriez-vous cette personne verbalement et spirituellement et tortureriez-vous son cœur parce qu'il (elle) ne vous apporte que de la douleur ? Ou bien prendriez-vous soin de la personne par obligation, parce qu'il (elle) est un membre de votre famille ? Ou bien prendriez-vous soin de lui (elle) avec une chaleur et un amour humains, vous sacrifiant volontairement ?

Ce ne serait pas facile à faire avec un amour humain, mais avec l'amour de Dieu vous seriez capable de surmonter toutes les difficultés.

L'amour est patient, l'amour est bon.
L'amour n'envie pas, il ne se vante pas, il ne se gonfle pas d'orgueil.
Il n'est pas malhonnête, il ne cherche pas son intérêt.
Il ne s'irrite pas, il ne soupçonne pas le mal.
Il ne se réjouit pas de l'injustice, mais il se réjouit de la vérité.
Il excuse tout, il croit tout, il espère tout, il supporte tout. (1 Corinthiens 13 :4-7)

Une vie immortelle misérable

J'avais essayé de me suicider deux fois. J'ai échoué dans mes deux tentatives. J'étais au bord de la mort parce que je ne pouvais pas manger. Ma vie semblait ne jamais devoir finir.

Première tentative de suicide

Jusqu'à la dernière année de l'école secondaire, j'étais souvent absent de l'école parce que j'avais accidentellement heurté mes côtes en jouant un jeu de boxe avec un élève du cycle d'orientation lorsque j'étais en 4ème année primaire. Ma fierté ne me permettait pas de me confier à quiconque pour quelque raison que ce soit. J'étais trop timide pour révéler que j'étais blessé. La douleur dans mon corps devint plus intense, et cela m'obligea de m'absenter à de nombreuses reprises de mon école secondaire. Mes points ont chuté tellement que j'ai renoncé à entrer à l'institut supérieur cette année là, et j'ai décidé de solliciter une inscription pour l'Université Nationale de Séoul pour l'année suivante.

Ma seconde année de préparation pour l'admission à l'institut supérieur m'a donné une opportunité valable de tester mes capacités. Je ne dormais pas plus de quatre heures par jour. Je prenais des pilules pour rester éveillé. Et j'ai même établi mes propres règles pour me punir moi-même si je me levais en retard le matin.

Si je me levais pas dès que le réveil sonnait, je commençais à compter 1... 2... 3... Si je passais 3, je ne mangeais pas de petit déjeuner. Donc, afin de ne pas avoir faim, je me levais à temps. Chaque matin je me rendais à la librairie publique afin d'étudier pour l'examen d'admission à l'institut supérieur. Parce que j'étudiais tellement fort, je m'améliorais jour après jour. J'aimais étudier, et j'étais heureux, parce que j'étais sûr que j'entrerais à la faculté d'Ingénieurs de l'Université Nationale de Séoul.

Un jour, il m'arriva quelque chose d'étrange. Bien sûr, j'ignorais ce proverbe : « Le cœur de l'homme médite sa voie, mais c'est l'ETERNEL qui guide ses pas. » (Proverbes 16 :9)

Pendant une pause, je lisais un journal, mais je ne pouvais pas me rappeler le nom du président, dont je regardais la photo.

'Quel était son nom ?' Je ne parvenais pas à me rappeler. 'Qu'est -ce qui ne va pas avec moi ? Pourquoi ne puis- je me souvenir ?' Je me suis concentré pour me souvenir de son nom, mais je ne pouvais pas me souvenir.

'Ah oui… Yi… son nom de famille est Yi. Pourquoi ne me souviens-je pas de son prénom ? Peut être ai-je trop étudié. Comment puis- je oublier une chose aussi simple ?'

Me sentant un peu bizarre, j'étais perdu. J'essayai donc de mémoriser ce que j'étudiais. 'Une formule mathématique… qu'en est-il des facteurs ?' Rien. 'Um, que se passe- t- il avec moi ? Je ne puis même plus me rappeler des choses simples !' une présence inquiétante me saisit.

'Qu'en est- il de la Langue Nationale ?' J'essayai de mémoriser un ancien poème. Mais je ne pouvais pas me souvenir du nom du poète ni du titre du poème. J'étais choqué et effrayé. 'Qu'est- ce qui ne va pas avec moi ? Ai-je perdu toute ma mémoire ? Ou ai-je simplement des absences ? Comment cela peut- il se produire ? Je ne pouvais pas dormir de toute la nuit.

Le lendemain, je me suis à nouveau testé, si oui ou non je serais capable de me rappeler de ces choses que j'avais étudiées depuis des mois. Je ne me souvenais plus de rien, malgré avoir essayé avec application. Il me semblait tomber dans un profond puits. Je commençai à remettre en question la valeur de ma vie et cela me choqua. Je réalisai que je n'avais aucune raison de vivre dans ce monde.

'Ce serait mieux si j'étais mort. Alors, je ne décevrai pas mes parents en n'accomplissant pas leurs désirs. Combien l'échec de mon entrée à l'institut supérieur serait manifestement troublant après avoir essayé deux fois ?'

Je croyais que ma mort allait tout résoudre. Je me suis arrêté à toutes les pharmacies de la rue Uljiro pour acheter des somnifères. J'ai acheté vingt pilules. J'ai sorti mon agenda et je l'ai brûlé page par page. J'ai regardé en arrière aux vingt années de ma vie. J'ai arrangé mes affaires personnelles, et j'ai dit adieu à ma vie. J'ai fixé le jour J et un plan détaillé pour mon suicide.

Pendant que j'étudiais, je vivais dans une chambre meublée près de la maison de ma sœur aînée où je prenais tous mes repas. Je partageais la chambre avec mon frère aîné qui revenait généralement du travail vers 23 heures. Avant qu'il ne rentre à la maison, j'y étais seul. C'était un bon endroit pour me suicider.

J'ai nettoyé ma chambre et j'ai écrit une lettre de suicide pour mes parents, mes frères et mes sœurs. Mon plan était parfaitement préparé, attendant simplement le signal.

Selon mon plan, je me suis d'abord rendu à la maison de ma sœur aînée.

« Ma sœur, je vais étudier à la maison de mon ami ce soir, tu ne dois pas m'attendre pour dîner, OK ? »

Ma sœur généreuse me crut et continua à faire ses travaux ménagers.

Je suis retourné dans ma chambre, ai mis mes

chaussures dans la chambre et ai fermé la porte. J'ai étalé une couverture et ai avalé les vingt somnifères que j'avais préparés. Cela ne m'a pas fait dormir immédiatement. Après m'être allongé sur la couverture, j'ai perdu conscience.

Ce soir là, mon beau-frère et mon frère aîné ressentirent un désir étrange de rentrer plus tôt à la maison que l'heure habituelle de fermeture à 23 heures. Ils fermèrent leur magasin et rentrèrent directement à la maison, supprimant leur arrêt habituel pour une boisson alcoolique. Ils arrivèrent à ma chambre pour me chercher, malgré qu'on leur ait dit que je devais être chez mon ami. Ils me laissaient généralement seul pour ne pas interrompre mes études. Mais ce soir là, ils arrivèrent à ma chambre et trouvèrent la porte fermée. Ils furent troublés et ils la forcèrent et me trouvèrent couché comme un cadavre. Ils me conduisirent immédiatement à l'hôpital. J'avais pris trop de pilules et trop de temps s'était écoulé, de sorte que, selon le médecin, il était impossible pour moi de revivre. Cependant, je repris conscience en peu de jours. Et rapidement, je pus revenir à ma vie normale. Tout le monde dit que mon réveil était un miracle.

J'ai réalisé que ce vieux proverbe était vrai 'La vie et la mort sont providentielles'. A cause de cette expérience, j'ai décidé de présenter mon examen d'entrée. De toute manière, je devais faire de mon mieux. Avec persévérance, j'ai sollicité pour mon objectif à long terme, d'entrer à l'école d'ingénieurs de l'Université Nationale de Séoul. J'échouai et ainsi, je sollicitai à l'université Hanyang et je réussis.

Ceci est le récit de ma première tentative de suicide.

Ma seconde tentative de suicide

J'ai encore une fois essayé d'attenter à ma vie.

Lorsque j'étais malade, personne ne prenait soin de moi. Même ma femme s'est enfuie. Je désirais donc la mort à n'importe quel moment. J'ai acheté et accumulé des somnifères pour ce but. Lorsque ma femme m'a abandonné, mon dernier espoir s'effondra. J'ai pris les somnifères et ai attendu la mort.

J'étais un dur à mourir. Ma femme qui se trouvait chez ses parents n'a pas pu pas dormir ce soir là. Quelque chose la dérangeait dans notre maison. Son sentiment d'insécurité l'a amenée à prendre un taxi pour venir me surveiller, pendant que je mourais, et ma seconde tentative a aussi échoué.

'Peu importe la force avec laquelle j'essaie, je ne puis pas mourir. Alors je ne pourrai plus follement essayer de me suicider. Ma vie ne m'appartient pas, mais elle est providentielle. Je suis comme l'oiseau qui ne meurt jamais.'

Depuis ce moment j'ai un fort désir de vivre. Au plus profond de moi, l'ardent désir de vivre a allumé un feu. Mes tentatives de mourir de manière inattendue m'ont apporté un puissant désir de rester en vie. Je ne pensais plus à me suicider.

J'ai vécu pour me venger

Lorsque j'étais malade, beaucoup de gens m'ont harcelé. Ma propre mère, ma moitié (ma femme) les membres de ma famille et mes proches... au plus ils me harcelaient, au plus je voulais vivre avec ténacité.

Tout comme la lave qui explose d'un volcan, j'avais quelque chose de chaud dans le fond de mon cœur avec quoi j'allais me venger d'eux.

« Mère, pourquoi dois-je mourir ? Je te montrerai. Tu me verras en bonne santé dans l'avenir ! »

« Chérie, je t'apporterai plus d'argent que ce que tu n'as jamais voulu. Attends seulement ce temps là ! Tu seras confuse ! »

« Ma belle-mère, ne me traite pas comme cela. Tu vas le regretter ! »

Qu'arriverait-il à mes filles si je mourais ?

J'avais une autre raison de survivre.

Mes filles... comment misérablement elles ont été élevées parce que j'étais malade ? Je devais vivre, pour compenser pour mes filles ce qu'elles avaient perdu. J'étais un mauvais père pour elles. Lorsque j'étais malade et que mon cœur était blessé, je me suis souvent fâché contre elles. Je les ai traitées avec colère, au lieu de leur montrer de l'amour. Le plus souvent, je pensais à elles de manière irritée.

'Elles devraient grandir dans l'amour. Si je meurs, qui leur donnerait de l'amour ? Je dois rester en vie, pour accomplir mon devoir de père. Pendant que je vivais, ils ont maltraité et harcelé mes filles. Si je meurs, quels traitements mauvais devront- elles subir en tant qu'enfants d'un seul parent ? De plus, ma seconde fille qui avait été sevrée trop tôt, était séparée de ses parents. Ma femme ne se soucie pas d'elle. Qui d'autre s'occuperait d'elle si je mourais ?

Je devrais rester en vie pour moi-même d'abord. Ma vie m'appartient. Personne ne peut vivre à ma place. Rester en vie, je dois faire mon travail en tant que père et en tant que mari. Je dois vivre pour restituer à tous ceux pour qui j'ai été un fardeau.

J'ai fermement décidé de rester en vie.

Pour rendre ma maison douce et heureuse, je dois rester en vie pour accomplir mon devoir. Si je garde ma conscience, je peux sortir vivant de la tanière du tigre. Je commençai à ressentir une forte aspiration à vivre, après avoir été aussi proche de la mort. Je gagnai un espoir de vivre une bonne vie digne.

Les sept longues années de ma vie dans la vallée de la mort m'ont par conséquent apporté une espérance pour un meilleur futur.

Ma sœur aînée

Lorsque les grenouilles se réveillaient de leur

hibernation, et que le vent froid disparut en présence de la floraison des boutons d'or, le printemps vint aussi à moi.

1974 était ma septième année de vivre une vie abominable dans la vallée de la mort. Je ressentis du plus profond de mon cœur un urgent désir de sortir quelque part pour me réjouir de ce printemps.

Aucun membre de la famille, ni aucun visiteur n'était venu me visiter.

Un jour, ma deuxième sœur aînée vint me rendre visite. J'étais tellement heureux de la voir. C'était comme de rencontrer une oasis dans le désert. Les gens ainsi que leur amour m'avaient réellement manqué.

Ma sœur aînée est venue me voir

Ma seconde sœur aînée était fermière dans notre ville natale. Parfois, elle venait visiter ses enfants qui étaient à l'école à Séoul. C'était un temps de grande activité pour les fermiers, c'est pourquoi sa visite m'a étonné.

« Oh, ma sœur, qu'est ce qui t'a fait venir ? »

« J'ai quelque chose à faire à Séoul, mon frère. »

Elle semblait heureuse comme un enfant. Elle me parla de tout et de rien qui lui était survenu depuis notre dernière rencontre. Nous sommes réjouis de converser pendant un temps assez long. J'étais heureux de la voir tellement enthousiaste. Elle s'arrêta de parler et me demanda avec précaution, « Frère, veux-tu me faire une faveur ? »

J'étais curieux, parce que je n'étais capable de rien faire pour personne. « Ne te l'ai-je pas déjà dit ? Je voudrais réellement visiter un endroit à Séoul. C'est la Maison de Prière Hyun Shinae située à Sodaemoon. Ton frère m'a permis d'y aller cette fois. Mon frère, peux-tu s'il te plait m'y amener ? »

Elle m'a sincèrement demandé une faveur, s'attendant au plaisir d'assister à la réunion là-bas. Sa demande me paraissait trop sérieuse pour pouvoir refuser. Mais je devais la rejeter, « Ma sœur, ne sais-tu pas que je ne le puis ? Pourquoi me demandes-tu cela ? Tu peux trouver quelqu'un d'autre pour te conduire. Pourquoi ne vas-tu pas avec Hyungkwon ou Hyunsoo ? »

Elle avait deux fils qui pouvaient la guider. Mais elle persista à me demander. « Frère, je suis une étrangère à Séoul. Et mes enfants doivent aller à l'école. Je veux réellement y aller. C'est pourquoi, je te le demande. »

Je ne pouvais dire non à ma sœur aînée. De plus, moi aussi je désirais sortir pour une pause. Lorsque je lui ai dit, « Oui je vais t'y amener, » elle était tellement ravie.

« C'est tellement chouette de ta part, frère ! Merci beaucoup. Prépare-toi pour demain matin. Je reviendrai ici, OK ? Je dois aller préparer à manger pour mes enfants maintenant. »

Comme je la regardais partir, ses pas me paraissaient comme si elle faisait des bonds de joie. Son allure joyeuse me rendit heureux aussi, prenant conscience, « Oh, je puis aider les autres. »

Mes frères et sœurs étaient six en tout et j'étais le cadet. J'avais deux frères aînés et deux sœurs aînées. Parmi celles-ci, ma seconde sœur aînée était la préférée. Depuis sa naissance, elle n'était pas uniquement généreuse et d'un grand cœur, mais aussi belle et diligente. C'est pourquoi, tout le monde l'aimait.

Ma seconde sœur aînée, souffrait malheureusement d'une fièvre lorsqu'elle était bébé. La conséquence fut qu'elle perdit la vue d'un œil. Son corps était relativement petit. Beaucoup de gens se moquaient de sa petite stature et de son œil mort.

Lorsqu'elle grandit pour devenir une adolescente, elle était déprimée de son apparence, ayant un œil mort et une petite stature. Cela la décida à rester célibataire.

Certains voisins plus âgés, qui avaient des fils célibataires la voulaient pour bru. Elle finit donc par épouser un homme vivant dans un village voisin. Après le mariage, elle travailla dur et tint parfaitement sa maison pour sa nouvelle famille. Elle fit de son mieux pour préparer leurs douze cultes de souvenir annuels. Elle donna naissance à trois fils et deux filles, et les éleva avec grand soin.

Ma sœur aînée a accepté Jésus

Un jour, un ancien chrétien qui vivait dans le même village vint vers ma sœur aînée et lui parla de la Parole de Dieu. Cela lui donna une joie véritable, de sorte qu'elle voulait réellement courir vers une église. A cette époque, elle était trop occupée pour aller à l'église à cause de son travail de fermière. Plus tard, une jeune fille aveugle qui était la fille d'une diaconesse lui rendit visite pour lui parler de la chrétienté. Cette fille aveugle vint visiter ma sœur chaque jour, et lui parla de Dieu. Elle était tellement assidue et ce qu'elle disait était tellement intéressant pour ma sœur aînée, qu'elle avait le désir de continuer à écouter son histoire. Finalement, ma sœur aînée s'est rendue à son église. Combien elle s'est sentie heureuse et joyeuse ! Cette journée est devenue inoubliable pour ma sœur.

Depuis lors, ma sœur aînée n'a jamais manqué d'aller à l'église le Dimanche. Lorsqu'elle entendait le son de la cloche de l'église, elle se hâtait de terminer son travail pour aller à l'église. Elle se sentait toujours à l'aise à l'église, et pendant qu'elle travaillait à la maison ou dans les champs, elle chantonnait des hymnes.

Malgré qu'elle soit occupée par le travail des champs, elle réservait tout le temps qu'elle le pouvait à écouter la Parole de Dieu. Partout où elle allait dans les champs, elle emportait une radio dans son panier. Elle réglait le poste sur la Station d'Emissions Chrétiennes, et elle apprenait les chants, les hymnes et la Parole de Dieu. Le but de sa vie était d'adorer Dieu, d'évangéliser les gens et de prier à Dieu. Rien d'autre ne pouvait lui apporter le bonheur.

Pendant la saison des champs la plus active, la plantation du riz vert, elle gardait chaque jour de Sabbat. Après qu'elle ait assisté aux veillées de prière, elle ne se levait jamais tard le lendemain. Malgré qu'elle se levait trop et travaillait dur, elle avait toujours un sourire sur le visage. Ses voisins lui disaient souvent :

« Je ne t'ai jamais vue devenir malade. Si tu crois au

Seigneur Jésus, peux-tu vivre une vie saine et heureuse comme cela ? »

Alors, elle ne ratait jamais une occasion de leur prêcher l'évangile.

Elle ne laissait jamais un travail inachevé ni ne l'arrêtait avant d'aller à l'église. Jamais la famille de son mari, ni ses voisins ne lui rendaient la vie dure à cause de sa vie chrétienne. Seuls ma mère et mes frères lui rendaient la vie difficile. Notre mère et mes frères n'aimaient pas qu'elle serve l'église, ni qu'elle essaie d'évangéliser tant de gens de manière aussi diligente.

Chaque dimanche, elle se levait tôt et finissait toutes ses tâches ménagères. Alors, elle se rendait à l'église et nettoyait l'autel avant que le culte ne commence. Lorsqu'elle eut sa première moisson, elle en apporta un peu et le déposa secrètement dans la maison du pasteur, puis elle s'enfuit pour ne pas être vue. Notre mère n'aimait pas cela et l'engueulait d'agir de la sorte.

« Dois- tu donner de la nourriture à ton église ? Ils vont te dépouiller. Cesse d'aller à l'église, réveille- toi ! »

En claquant de la langue, ma mère insultait ma sœur. Mais cela ne changeait rien. Ma sœur répondait, « Maman, je t'en prie, accepte Jésus. Ne sais-tu pas combien c'est heureux et joyeux de croire en Jésus ? »

Ma sœur essayait de prêcher l'évangile chaque fois qu'elle en avait l'opportunité. Elle croyait que posséder la foi était plus précieux que la richesse ou l'honneur dans ce monde. Elle priait avec instance pour son mari et ses enfants qui n'allaient pas encore à l'église. Elle endura volontairement toutes les difficultés et les mauvais traitements qui lui étaient infligés.

Elle offrit un anneau d'or à Dieu

Lorsque ma sœur entendit qu'il y avait un réveil, elle y assistait toujours. Elle aimait tellement Dieu qu'elle Lui donna son plus précieux bien, une bague en or, « Père, donne-moi la foi aussi précieuse que cette bague en or. S'Il Te plait, donne- moi une foi comme l'or qui ne change pas. » Elle offrit son alliance en or à Dieu, non pas pour posséder la richesse, mais bien une foi en or.

Mon consentement à la conduire lui donna une grande joie. Cela me rappelait fortement les jours précédents. Elle m'avait en effet recommandé souvent d'aller à l'église.
« Mon frère, tu vis une nouvelle vie dans le mariage. Pourquoi ne commencerais-tu pas ta vie chrétienne dès maintenant ? »
Une année se termina et une autre commença. Elle essayait cependant de m'évangéliser chaque fois que nous nous rencontrions. Lorsque je fus malade, elle vint me visiter.
« Ma sœur, si je crois en Jésus, serai- je guéri ? Je ne le crois pas. Qui pourrait guérir mes maladies que la science médicale ne peut pas guérir ? Où est Dieu ? Où est le ciel ? L'as-tu jamais vu ? Je suis désolé de te dire ceci ma sœur. Tu as été trompée. C'est facile de te rouler, parce que tu es

naïve. Ne me dis plus jamais d'aller à l'église. »

Ma réponse froide ne pouvait pas décourager ma sœur. Lorsqu'elle montait à Séoul, elle insistait et me pressait de croire en Jésus. Elle fut la seule personne qui continua à m'encourager pendant mon abominable vie de maladie, me tenant dans l'antichambre de la mort.

« Mon frère, il semble que tu n'as plus rien si ce n'est la mort, non ? Ecoute, frère. Il y a un moyen pour toi de survivre. Tu peux recouvrer la santé ! Accepte Jésus ! C'est le seul chemin à prendre ! »

Je n'ai pas essayé d'aller à l'église, mais son enthousiasme persistant à m'évangéliser a fait germer quelque chose dans ma pensée : je pourrais être guéri, si je croyais en Jésus. C'est pourquoi je dis, 'oui' à sa demande de la conduire, malgré que je sois mentalement fatigué.

La sagesse que Dieu a donnée à ma sœur aînée

La demande de ma sœur de la guider était la sagesse de Dieu pour me conduire vers une nouvelle vie, alors que je me trouvais dans l'antichambre de la mort. Le Dieu vivant qui choisit les choses folles pour les rendre sages, et les pauvres pour les enrichir, a donné cette sagesse à ma sœur. Il ouvrit la porte pour moi, qui étais fou et qui ne savais pas comment embrasser la vie. Dieu travailla en moi pour répondre à la prière instante de ma sœur.

« Père, je Te prie, aide mon frère à te rencontrer. S'il Te plait guéris- le et laisse- le Te glorifier. Et laisse-le évangéliser d'autres membres de la famille afin qu'ils reçoivent leur salut. »

Comment moi, qui étais si fou, pouvais-je réaliser la sagesse de Dieu, sa merveilleuse sagesse qui travaillait en moi ? Elle vint sur moi comme un rayon de lumière qui a vaincu la mort. Ce rayon de lumière m'a protégé et m'a conduit à suivre le conseil de ma sœur.

Ma seconde sœur aînée est maintenant une grande diaconesse dans mon église. Elle sert le royaume de Dieu et sa justice en tant que femme de combat spirituel dévouée. Sa vie quotidienne est pour la prière, évangéliser les gens et rendre grâce à Dieu. Elle est aimée de Dieu et bénie, de sorte qu'elle possède une foi et une espérance fortes. Elle a vaincu les difficultés afin de vivre une vie victorieuse. Ses enfants ont bien grandi et sont devenus des serviteurs de Dieu, travaillant pour la mission mondiale.

Ma vie renouvelée

Je me suis rendu à la Maison de Prière de Hyun Shinae

Le matin suivant, ma sœur aînée est venue à ma maison pour me presser. Il m'a fallu beaucoup de temps pour descendre la colline de Gumbo-dong, en m'appuyant sur ma canne.

Nous avons voyagé dans un bus bondé et lorsque nous sommes arrivés à la Maison de Prière de Hyun Shinae, leurs louanges pouvaient s'entendre dehors dans la rue.

« Viens frère. Nous sommes en retard. Dépêche- toi, entrons. »

J'étais supposé la faire entrer, mais c'est elle qui me fit entrer.

En entrant dans le bâtiment, je me suis rendu compte qu'il n'y avait pas de place assise au 2ème étage. J'ai essayé de marcher sur la pente qui était réservée pour les patients. En me tenant à la rampe, j'ai marché pas à pas, en traînant les pieds afin d'atteindre le 3ème étage. J'avais mal aux genoux et j'eus des sueurs froides.

Beaucoup de gens m'ont dépassé jusqu'à ce que j'atteigne une place au 3ème étage. J'étais épuisé, et je pris donc du temps pour reprendre mon souffle. De nombreuses personnes continuaient à arriver et s'asseyaient autour de moi. Je me suis demandé pourquoi tant de gens se rassemblaient à cet endroit. Lorsque je regardai autour de moi, je vis une dame vêtue d'une robe blanche qui parlait au micro. Elle prêchait de la chaire d'une manière dynamique. Beaucoup de gens lui répondaient 'Amen' en levant les mains. Je me sentis lourd et craintif, parce que je ne pouvais pas bien entendre, et tout ce que je voyais était étranger pour moi.

Je ne pouvais pas voir ma sœur aînée qui était assise à côté de moi. J'ai vu tout le monde à côté de moi commencer à prier à haute voix. Certains d'entre eux, tout en priant, ouvraient largement leur bouche. Ils me paraissaient être fous. Certains levaient les mains, certains secouaient leurs corps, certains pleuraient en se frappant la poitrine, et certains restaient calmes, la bouche fermée.

'Qu'est- ce qui ne va pas avec ces gens ? Quel genre d'endroit est ceci ? Pourquoi suis-je venu ? Il vaut mieux que je quitte cet endroit tout de suite. Tout le monde semble fou. Si je reste plus longtemps, je vais devenir fou aussi.

Je n'étais jamais allé dans une église. Je croyais que les croyants priaient en se comportant calmement. Mais les gens à la Maison de Prière de Hyun Shinae étaient exactement le contraire de ce que j'attendais.

Lorsque j'ai trouvé ma sœur, j'étais déçu de son comportement. Elle était une personne timide d'ordinaire, mais ici, elle se comportait comme les autres, secouant son corps, levant les mains, pleurant et priant. C'était incroyable.

'Est-ce là ma sœur ? Je n'en crois pas mes yeux. Où est ma sœur calme et timide ?'

En pensant à sa demande instante de venir ensemble, je ne pouvais pas lui demander de rentrer à la maison. Et je ne voulais pas non plus perdre du temps en regardant autour de moi. Alors que je regardais ma sœur qui agissait de manière aussi différente, j'ai senti qu'un monde mystérieux devait exister. Je me suis donc agenouillé comme ma sœur. Fermant les yeux, j'ai joint les deux mains et j'ai prié.

A ce moment là, je priais

Immédiatement, mon corps devint brûlant comme le feu, et je fus rapidement rempli de sueur qui coulait le long de mon dos.

'Pourquoi suis-je tellement en train de transpirer ? Je me demandais ce qui m'arrivait ? Au début, je croyais que c'était à cause de ma timidité. (Plus tard, j'ai su que c'était le feu du Saint Esprit).

Je ne ressentais plus ni peur, ni mécontentement. Je devenais intéressé par ce que la dame en robe blanche était en train de dire. A ce moment, quelqu'un me frappa sur l'épaule. C'était ma sœur.

« Eh, mon frère, il est temps pour nous de recevoir sa prière. Tu es malade. Pourquoi ne recevrais-tu pas en fin de compte la prière ? La prière finale est la plus puissante. »

Elle semblait tellement heureuse et son visage était tout sourire. Pendant que j'attendais mon tour pour recevoir la prière, j'ai vu des choses mystérieuses. Certaines personnes donnaient leur témoignage. Ils disaient qu'ils étaient pratiquement mourants à cause de leur maladie, mais qu'ils avaient été guéris après avoir reçu la prière dans ce lieu. Ils avaient l'air vraiment sincères et pleins de joie. Eux, qui rendaient gloire et toute reconnaissance à Dieu qui avait pardonné leurs péchés et les avait guéris, me semblaient même être des saints.

J'aimerais recevoir la prière

Tous ceux qui étaient dans la file d'attente paraissaient très sincères et fidèles. Mon tour arriva. J'ai baissé la tête pour la prière de la grande diaconesse Hyun. Elle m'imposa les mains sur la tête, en appuyant un peu, me tapota le dos, me dit quelque chose et me repoussa en arrière. Je fus repoussé loin de l'endroit où j'avais reçu sa prière. Le sol était devenu glissant parce que tant de personnes y avaient marché. J'ai glissé et je suis tombé, de sorte que je me sentais honteux lorsque je me suis relevé.

'Cette prière est-elle capable de guérir des maladies ?'

Je regardai avec des doutes à la longue file de patients qui ressemblaient à des prisonniers en garde à vue. Ils me rappelaient les Evénements de Jungup, où une femme a monté une fausse assemblée de guérison et a trompé beaucoup de patients. Ses disciples ont répandu la rumeur qu'elle pouvait guérir toutes les maladies. Cela amena des patients à Jungup City. Des milliers de patients s'y rendirent individuellement ou en groupe dans des bus loués, de partout dans le pays. Elle devient très renommée et fut relatée dans les journaux en tant que le guérisseur de toutes sortes de maladies. Il fut cependant découvert que ses assistants et elle avaient escroqué chaque patient avec une fausse guérison. Elle fut arrêtée pour fraude.

En pensant à cet événement, je me suis retrouvé au rez-de-chaussée. Je ne savais pas comment j'étais descendu du 3ème étage sans avoir ressenti de douleur dans mes genoux. Ma sœur, qui avait accompli son souhait de longue date, était tout sourire.

Sur le chemin du retour, nous avons pris un bus et je jetai mon corps fatigué sur un siège. Comme je regardais dans le vague par la fenêtre, quelque chose d'étrange commença à m'arriver. Quelque chose qui ressemblait à des roulements de tonnerre résonna dans mes oreilles de manière continue. Lorsque je suis descendu du bus au marché de Gumbo-dong, j'ai arrêté d'entendre le bruit du tonnerre.

'Quel bruit ai-je entendu dans le bus ? Pourquoi ce son était-il si fort ?' Tout en regardant le ciel, je me posais toujours la question.

Me dirigeant vers le chemin du marché, ma sœur alla chercher ses enfants et moi je me dirigeais vers le snack bar de mon épouse.

Chérie, donne- moi un peu de riz

Ma femme dirigeait un snack bar, portant la responsabilité de toute la famille. Elle cuisinait et vendait des nouilles et de la nourriture cuite. Sa nourriture avait bon goût et attirait beaucoup de clients.

Lorsque j'ai vu la nourriture exposée, j'ai ressenti un fort appétit. Elle me semblait tellement délicieuse que j'en ai demandé, en entrant dans son snack.

« Chérie, j'ai très faim. Donne- moi un peu de riz et de viande, dépêche- toi s'il te plait. »

« As-tu bien dit du riz et de la viande ? Es-tu devenu fou ? Est-ce la Maison de Prière de Hyun Shinae qui t'a rendu comme cela ? Ne te souviens tu pas que la viande peut te tuer ? S'il te plait, attends, je vais te cuisiner quelque chose d'autre à la place. »

Elle était occupée au travail et je lui demandai à nouveau.

« Ecoute, chérie, je me sens comme si je pouvais tout manger maintenant. Ne te soucies pas pour ma digestion. Donne- moi seulement un peu de viande, veux- tu ? »

Elle tourna son visage vers moi, qui mendiait de la viande comme un bébé. Elle me regarda pendant un moment et à contrecoeur m'apporta un peu de riz et de viande. Ma bouche salivait tellement à la vue de la nourriture que ma langue s'en est réjouie comme si c'était de la crème glacée. Je ne pouvais avaler aucune viande auparavant, mais à ce moment, je l'avalais facilement et je m'en réjouissais. J'ai mangé tout un bol de riz et un plat de viande très rapidement. Cela rendit inquiet le visage de ma femme.

« Ca va, chéri ? »

C'était 'les affaires après le plaisir' pour moi. J'ai réalisé que manger est un plaisir essentiel pour que l'homme vive. Je me suis appuyé sur le dossier de ma chaise pour jouir de mon sentiment de plénitude. Ensuite, j'entendis un son très clair.

Chérie, j'entends maintenant

Sans le réaliser, j'étais en train de parler avec les clients assis à la table voisine.

« Monsieur, que venez-vous de dire à l'instant ? Vous venez de commander de la nourriture, vrai ? »

« Oui, je l'ai fait, du Ttukbokki (une tablette de riz très

épicé) pour deux. N'est- ce pas encore prêt ? » Il me répondit, en se demandant pourquoi.

Je sautais de joie. J'ai couru vers ma femme en criant 'Chérie, j'entends, je puis entendre maintenant ! Je puis entendre clairement ce qu'ils disent ! Très clairement ! »

Ma joie gonflait ma poitrine et me faisait pleurer. De chaudes larmes gonflaient mes yeux.

Je pus comprendre pourquoi j'ai entendu le bruit du tonnerre sur le bus. J'avais entendu le bruit du bus mélangé à celui des passagers qui parlaient. Je n'ai jamais pensé que j'aurais pu entendre un jour à nouveau à cause de mes tympans crevés. Tout en me sentant heureux, je m'endormis doucement. Je crus que j'avais bien dormi parce que je n'étais plus sorti depuis des années.

Chaque jour, je commençais ma journée par une routine. Aller à la salle de bain, laver mon visage, brosser mes dents et nettoyer mon corps ici et là. Je faisais cette corvée seul afin de ne pas montrer mes sales plaies à ma femme.

Le matin du 18 avril 1974, je suis allé à la salle de bain et j'ai fermé la porte à clé comme je le faisais d'habitude. J'ai enroulé un peu d'ouate sur un cure-dent afin de nettoyer mes oreilles. Je l'ai enfoncé dans mon oreille afin d'enlever le pus qui aurait du avoir suinté pendant la nuit. Cependant, le coton sur le cure-dent était propre. J'essayai de nouveau, mais rien n'en sortit. 'Que s'était-il passé ? Pourquoi est-ce propre ?' J'ai nettoyé l'autre oreille. Il n'y avait aucune saleté, ni pus. Soudainement, mon cœur commença à battre. Il me semblait entendre à nouveau les témoignages que les patients de la Maison de Prière de Hyun Shinae avaient donnés, 'Le Dieu vivant a guéri toutes mes maladies !'

Tout en essayant de me calmer, je regardai mes mains afin de voir s'il y avait du pus sur mes doigts, 'Oh, où est passé le pus ? Pas de pus ! Oh, c'est sec !' Je ne pouvais voir aucun pus jaune. Uniquement des croûtes noires qui s'étaient formées pendant cette nuit spéciale. J'ai roulé mes manches pour regarder mes coudes. Il n'y avait que des croûtes noires. Je ne pouvais plus rester dans la salle de bain. Je me suis précipité dans la chambre et ai enlevé mes vêtements. Juste avant de regarder mes articulations et mes os, mon cœur a battu de curiosité. Aucun pus ne restait sur mes genoux ni mes chevilles.

Les yeux grands ouverts, je vérifiai mon cou avec mes doigts. Je ne trouvai aucune masse. 'Où sont passées les masses en forme de grappe ? Elles étaient ici, où sont-elles ? Elles ont disparu ! Plus aucune masse dans ma nuque.' Je touchai et frottai toute ma nuque, mais je ne pus sentir aucune masse. Tout me surprenait. Je me sentais un peu perdu. Mon cœur battait si violemment et ma respiration s'est presque arrêtée.

Je tint ma tête dans mes deux mains et me suis appuyé contre le mur. J'ai essayé de me souvenir…. Comment étais- je hier matin ? Je n'ai pas pu me lever lorsque je me suis réveillé. J'ai du m'asseoir contre le mur pendant un moment avant de me lever pour aller à la salle de bain, en m'écroulant pratiquement.

Comment étais- je ce matin ? Je me suis levé facilement... je n'ai ressenti aucun vertige... et aucune douleur pendant que je marchais... j'ai redressé les genoux. C'était facile pour moi. Je n'ai ressenti aucune douleur. J'ai fléchi les genoux. Toujours pas de douleur.

Dieu m'a guéri

Comment cela est- il possible ? Je n'ai pris aucun médicament, ni piqûre, comment ai-je pu recevoir ce miracle ? Dieu a du me guérir ! Tout en essayant de me calmer, j'ai pensé à ce qui s'est passé à la Maison de Prière de Hyun Shinae, là où ma sœur et moi nous sommes allés.

Je suis monté au 3ème étage avec peine... mon corps est devenu brûlant comme le feu lorsque je me suis agenouillé... alors, ma peur a disparu... c'était facile pour moi de redescendre après avoir reçu la prière... je me suis demandé pourquoi... depuis ce moment, je puis marcher... toutes mes maladies ont été guéries là-bas ! J'étais guéri et j'étais capable de marcher et d'entendre ! L'écoulement de pus s'est arrêté, de sorte que ma peau a séché ! Les masses dans ma nuque ont fondu ! Oui ! Oui !

Je me parlais à moi-même et j'ai du reconnaître que le Dieu vivant a produit ce miracle en moi. Je ne pouvais pas m'empêcher de m'agenouiller devant le Dieu tout puissant. Je ne savais pas que des larmes coulaient le long de mes joues.

« Oh Dieu ! Dieu ! Dieu ! Tu es vraiment vivant ! Tu m'as vraiment guéri ! Comment as-Tu pu me guérir aussi facilement ? Comment as-Tu pu te débarrasser de toutes mes maladies en même temps ? Je ne croyais pas que tu étais vivant. Je ne croyais pas que tu pouvais guérir toute maladie incurable ! Je ne croyais pas en toi auparavant. »

Je criai de tout mon cœur. En m'agenouillant sur le sol, regardant vers le plafond, frappant le sol et ma poitrine.

« Oh Dieu ! Merci, Dieu ! S'il Te plait, pardonne- moi, Dieu ! J'avais l'habitude de dire, 'Montre- moi Dieu s'Il existe.' S'il te plait, pardonne- moi, Dieu, merci de m'avoir guéri, quelqu'un qui était près de la mort. Merci beaucoup Dieu ! »

Ma femme entra en courant dans la pièce en entendant mes cris. « Que se passe-t-il avec toi chéri ? » En voyant mes vêtements épars dans la pièce, elle regarda vers moi avec des yeux préoccupés.

« Chérie, je suis sauvé ! Regarde-moi ! Dieu m'a guéri ! Dieu l'a fait ! »

Oh, Dieu, Tu es réellement vivant !

Elle m'examina, tandis que j'étais étourdi de la tête aux pieds. Elle cru ce que je disais ; « Dieu m'a guéri. »

« Oui, chéri, Il est réellement vivant ! Il est réellement vivant ! Et Dieu est le Dieu qui guérit ! Ceci est un miracle ! Tu peux vivre une vie dignement à partir de maintenant. Je suis tellement heureuse pour toi, chéri. »

Elle pleurait et elle me parlait avec le visage le plus heureux que je ne lui avais jamais vu.

Nos entendîmes quelqu'un frapper à la porte. Ma

femme sortit pour servir les clients. Le visiteur était ma sœur. J'ai pu entendre ma femme lui parler rapidement, comme un fusil mitrailleur.

'Chère belle sœur, merci beaucoup ! Le père de Myoung a été totalement guéri après avoir reçu la prière hier ! Il marche et entend bien maintenant ! M'entends-tu, belle sœur ? Dieu l'a totalement guéri ! C'est à cause de ton aide. Je vais aller avec diligence à l'église pour croire en Jésus. »

Sa voix, qui parlait sans arrêt était pleine de joie.

Ceci était mon jour, moi qui mourait, afin que j'aie une nouvelle vie. C'était le premier jour et le jour le plus heureux pour moi ; celui où j'ai rencontré le Dieu vivant.

Dieu a vu la foi des gens qui ont percé le toit au dessus de Jésus, et après l'avoir percé, ils ont fait descendre le grabat sur lequel le paralytique (leur ami) était couché. C'est pourquoi, Dieu a pardonné les péchés du paralytique et l'a guéri. Dieu a également vu la foi de ma sœur aînée qui avait des supplications et de l'amour pour moi. C'est pourquoi, Il a pardonné mes péchés et m'a guéri.

Ma sœur aînée avait prié avec instance pour moi, avec des larmes afin que je puisse conduire notre famille vers le salut. Dieu lui a répondu, parce qu'elle a jeûné, et prié pendant de nombreuses veillées de prière et qu'elle a supplié pour moi, et parce qu'il connaissait mon cœur.

Je n'ai pas cherché Dieu, mais il vint me visiter d'abord, parce qu'Il est amour. Il m'a appelé parce qu'il savait que je ne me détournerais pas, mais que j'accomplirais de nombreuses œuvres missionnaires en tant que serviteur de Dieu. J'ai obéi à Son appel et c'est pourquoi, lorsque je me suis agenouillé à la Maison de Prière de Hyun Shinae, Il a brûlé tout mon corps avec le Saint Esprit afin de me guérir. Par ce miracle j'ai été guéri instantanément, j'ai rencontré Dieu et j'ai commencé à mener une vie nouvelle.

Ma sœur entra dans la pièce, à court de paroles. Elle commença à prier à Dieu avec des larmes.
 « Oh Dieu ! Notre Dieu vivant ! Tu as guéri mon frère. Merci, Père. Tu l'as béni pour qu'il Te connaisse. Merci beaucoup! Il est né de nouveau maintenant. S'Il Te plaît, conduis le afin qu'il devienne l'un de Tes enfants bien aimés.
 Dieu, tu as ressuscité les morts. Je te donne toute la gloire.
 Au nom de Jésus Christ, J'ai ainsi prié. »

3
OH, DIEU !

Ma vie nouvelle

Un matin, j'étais né de nouveau

Quelle surprise ! Je me suis retrouvé en bonne santé lorsque je me suis réveillé le matin. Au fond de mon cœur, je savais que cela pouvait arriver, mais combien j'étais surpris qu'un miracle me fût arrivé à moi !

'Oh, quel Dieu merveilleux !'

Moi qui n'avais pas cru que Dieu existait, j'ai rencontré le Dieu invisible mais vivant un jour. J'ai été transformé en une personne qui loue et invoque Dieu. Je suis arrivé à m'agenouiller devant Dieu, qui m'a donné une vie saine lorsque j'errais dans la vallée de la mort. Je suis devenu un homme digne de vivre, capable d'entendre n'importe quel son que les autres entendent, manger toutes sortes de nourriture, et faire n'importe quel travail.

Je voulais faire quelque chose dès le début. Je voulais aller à l'église comme les autres croyants. J'ai cherché dans mon quartier résidentiel. J'ai été étonné de voir qu'il y avait beaucoup d'églises. Je ne pouvais pas me décider dans laquelle je voulais aller.

« Il y en a une juste derrière notre maison. La plus proche n'est-elle pas la meilleure ? » a dit ma femme.

Nous avons décidé d'aller à l'église qui se trouvait près de notre maison.

Mon premier jour à l'église

J'ai compté chaque heure jusqu'au dimanche. Finalement, ma famille et moi sommes partis vers l'église avec une attente. Mes pas étaient remplis de joie et tellement légers que je croyais voler. A mes yeux, ma famille paraissait tellement heureuse comme s'il ne leur manquait rien pour bien vivre. Ma femme et moi marchions bras dessus, bras dessous et ma fille me tenait la main, marchant de l'avant vers une nouvelle vie.

« Papa, pourquoi allons-nous à l'église ? », demanda ma fille. Elle était tellement excitée et curieuse parce que nous sortions ensemble.

« Chérie, Dieu m'a donné la santé et nous a rendu heureux. C'est pour cela que nous allons à l'église pour le remercier. »

En entrant dans le bâtiment de l'église, ma bouche était trop pleine de paroles.

'Tu m'as sauvé ! Merci, Dieu !'

Nous avons reçu un accueil aimable et chaud. Lorsque je me suis assis sur une chaise, j'ai ressenti comme un tremblement.

« Dieu, finalement nous sommes ici aujourd'hui, à l'église. Je regrette de ne pas être venu avant. Pourquoi ne savais-je pas que je serais tellement heureux ? »

La louange résonnait paisible et me réconfortait. Je me sentais comme dans ma ville natale. La chaire et la grande croix ne me semblaient pas étranges. Les fleurs qui décoraient la chaire étaient écloses comme si elles voulaient m'accueillir. Les gens se levèrent tous ensembles pour chanter l'hymne et proclamer la réponse. Ils ressemblaient à des soldats bien entraînés. J'ai essayé de me joindre à la congrégation, suivant leur chant et la lecture autant que possible. Je ne sentais cependant nullement embarrassé.

Toute la congrégation s'est assise et quelqu'un pria pour le culte. En entendant la prière prononcée à voix haute, des larmes coulèrent de mes yeux, coulant le long de mes joues avec reconnaissance.

Le point du programme suivant était la prestation de la chorale. Ils se sont levés et ont chanté avec joie et puissance. Leur louange était tellement impressionnante. Elle semblait remplir le ciel d'une profonde émotion.

Le pasteur délivra son message, parlant de l'amour et de la grâce du Seigneur. Je ne pouvais pas comprendre entièrement sa prédication, mais je ressentis de la joie et de la reconnaissance. Le pasteur ressemblait à une lumière blanche, qui hardiment soufflait sur nous, ma femme et moi.

Lorsque nous avons donné les offrandes pendant la louange, j'ai pensé que mon offrande était trop petite. Je décidai donc de donner plus la prochaine fois.

C'était la première fois que ma femme et moi assistions à un culte d'adoration ensemble. Sans le savoir, j'ai versé des larmes jusqu'à la fin. J'ai vu ma femme qui essayait à plusieurs reprises d'essuyer les larmes sur son visage. Lorsque le culte fut terminé, je n'avais pas envie de rentrer à la maison. Je me suis donc assis et j'ai prié à Dieu.

Je suis devenu un chrétien qui prie Dieu

« Oh, Dieu ! Tu vis réellement. Voici, je suis venu à l'église avec ma famille pour assister au culte d'adoration. Je croyais que j'avais assez appris. S'il Te plaît, pardonne mon arrogance de t'avoir ignoré. S'il Te plaît, aide-moi, un bébé nouveau-né. Je crois que Toi, le Tout Puissant, qui a guéri toutes mes maladies, Tu me conduiras. Oh, Dieu vivant ! S'il Te plaît enseigne-moi comment vivre une vie nouvelle dans le futur. »

J'étais heureux et me sentais paisible et confiant. En assistant au culte d'adoration, nous avons reçu joie et grâce débordantes.

Depuis ce jour, ma femme et moi commencions à attendre les dimanches qui devaient arriver. Chaque dimanche, nous fermions notre snack-bar afin d'aller à l'église. C'était toujours un grand plaisir.

Nous voulions réellement posséder notre propre Bible et notre recueil de chants. Pour les acheter, nous devions économiser de l'argent pendant plusieurs semaines. Nous ne pouvions nous permettre les meilleures, mais nous aimions tellement la Bible parce que la Parole de Dieu y était écrite.
La lecture était mon passe-temps. Lorsque j'étais malade, lire des livres était ma seule joie. J'ai donc commencé à lire la Bible dès que je l'ai achetée. Je la lisais tout au long de la journée, sans être fatigué. Au plus j'arrivais à connaître Jésus, au plus je regrettais ma folie. J'étais reconnaissant et étonné de la puissance de Dieu.

J'ai acquis l'habitude de louer et de prier la nuit.

Etonnante grâce, comme tu es douce !
Toi qui as sauvé un misérable comme moi !
J'étais perdu, mais maintenant je suis retrouvé ;
J'étais aveugle, mais maintenant je vois.
'C'était la grâce qui a dit à mon cœur de craindre,
Et la grâce qui a enlevé cette crainte.
Combien précieuse apparaît cette grâce
Au jour où j'ai commencé à croire !

Lorsque je chantais des hymnes, mes larmes montaient, et mon cœur devenait rempli de joie, et presque automatiquement je levais les mains. Parfois je m'imaginais Jésus se tenant devant moi.

« Oh Jésus ! J'ai agi comme si je connaissais tout, même Dieu. J'ai ignoré ma sœur qui essayait de me prêcher l'évangile. Et je criais sur elle, 'Où es ton Dieu vivant ?'

Parfois, je méprisais ceux qui louaient et priaient avec diligence, en critiquant, 'Ils sont fous.' Je n'aimais pas ceux qui criaient en priant. Je me demandais, 'Pourquoi hurlent-ils comme cela ?'

Oh, Seigneur ! Je n'ai pas fait confiance à la Grande Diaconesse Hyun, parce qu'elle n'a pas prié pour moi de la manière dont moi je le voulais. Je ne croyais pas que les témoignages de guérison divine étaient vrais. Je t'en prie, pardonne-moi d'avoir été ignorant, fou et arrogant.

Oh, mon Seigneur Jésus ! Tu m'as délivré de la mort et Tu m'as donné une nouvelle vie. Tu m'as délivré des regrets et Tu m'as donné de la joie. Tu m'as délivré de la maladie et Tu m'as donné la santé ! Je ne puis décrire avec des mots combien je suis reconnaissant.

Oh, Dieu ! Tu es le Dieu d'amour. Tu es le Dieu de la puissance miraculeuse. Je Te donne toute la gloire !

Mon Seigneur, comment puis-je te rembourser pour ta grâce ? Je n'ai pas d'argent. Avec quoi puis-je Te rembourser, Seigneur ? Etant donné que je n'ai rien si ce n'est mon corps, je veux Te donner mon cœur, la chose la plus précieuse en moi. S'il Te plaît, accepte mon cœur qui te remercie au-delà de toute description. »

Je louais et je priais, ne me rendant pas compte du

temps qui passait.

Je puis faire quelque chose

Lorsque j'ai réalisé que mes sept années de maladie, passées le plus souvent au lit, étaient révolues, j'avais l'espoir de mener une vie digne. Je voulais faire quelque chose pour ma femme et mes enfants, en tant que chef de la famille. Je voulais aussi rembourser Dieu qui m'avait donné la santé, le plus que je pouvais.

Je n'avais que des dettes empilées sur un kilomètre de hauteur. J'étais cependant confiant de pouvoir faire n'importe quoi, sans peur, parce que je croyais en ce Dieu qui m'avait guéri.

Commencer un commerce me semblait le meilleur moyen de rembourser mes dettes. Mais je n'avais aucun fonds pour cela. Nous avions emprunté de l'argent auprès de toutes les personnes possibles. Je ne voulais pas vraiment aller demander de l'aide à mes frères incroyants.

En ce temps là, en 1974, j'avais besoin de 44.000 Won (33 $ US), rien que pour payer les factures mensuelles. Mais je ne pouvais pas obtenir de travail à plus de 20.000 Won (17 $ US) par mois. Ma nouvelle règle, était que je devais aller à l'église le dimanche, parce que je recevais des bénédictions de Dieu. Je ne pouvais donc pas trouver de travail bien payé à moins de sacrifier mes dimanches. C'était très dur pour moi de trouver un bon travail. Je voulais réellement travailler, mais je ne parvenais pas à trouver ce que je considérais comme un travail convenable.

Un jour, un travailleur dans la construction, une de mes connaissances, me recommanda de travailler avec lui. Je n'ai pas dit oui, parce que je n'avais encore jamais travaillé dans ce secteur. Il dit, « Ne t'inquiètes pas, je serai avec toi. »

Je devais prendre une décision. 'Le Dieu vivant m'avait guéri instantanément. Afin de pouvoir rembourser Dieu pour Sa grâce, je devais garder le Jour du Seigneur. Dieu me donnera aussi la bénédiction financière. Jusqu'à ce moment, je ferai n'importe quel travail, même le plus dur. Il m'a doté de la santé. Pourquoi est-ce que je ne travaille pas alors ?'

Avec cette forte volonté, je sortis pour accomplir ce lourd travail. Peu importe combien durement je travaillais pour moi-même, je ne pouvais terminer que la moitié du travail que les autres faisaient. Me sentant coupable, je voulais quitter. Mais je me suis encouragé moi-même, 'Allons, Jaerock. Si tu ne peux pas faire cela, tu ne peux rien, faire d'autre.'

Malgré le fait que je souffrais de fatigue tous les soirs, je me levais ponctuellement le matin suivant pour aller au travail.

Ma douce maison

Ma femme était ravie de ma nouvelle attitude, mais elle était aussi concernée par le fait que je travaillais dans un travail très dur. Je pouvais voir qu'elle était heureuse que je puisse travailler pour la famille après avoir été aussi longtemps malade. Mes filles, comme les autres enfants le faisaient, m'attendaient et m'accueillaient lorsque je revenais du travail, se pendant à mon cou.

Je ressentais de l'amour dans ma maison pour la première fois depuis des années. J'étais heureux pour ma famille. Ils étaient tellement gentils et rendaient ma maison de plus en plus douce. Chaque jour était nouveau pour nous. Lorsque le soleil brillant se lève, un avenir prometteur se levait avec du bonheur pour ma famille. Ma femme et moi avons souvent loué Dieu qui nous a donné une nouvelle vie.

Récemment, la vie de Christ a éclaté, vivante en moi !

Les choses anciennes sont passées, moi-même je suis renouvelé.

Sa vie coule au travers de moi, comme des rivières vers la mer.

Son amour brille sur moi comme le soleil brille sur la rosée.

Avec Christ, je savoure la vie sans fin chaque jour.

Maintenant et à jamais, je marcherai avec Lui jusqu'au bout du chemin.

S'il te plaît, aide-moi à pardonner aux autres

Lorsque nous sommes allés dans ma ville natale

Le 10 juillet 1974, ma famille a prévu de descendre

dans ma ville natale pour assister à la fête d'anniversaire de mon père.

Il n'y avait plus ni combat, ni douleur dans mon foyer, mais uniquement la paix et l'amour. C'était la première fois pour nous de cultiver une vie heureuse et pleine d'espérance depuis que nous étions mariés.

Je pensai aux membres de ma famille qui m'avaient ignoré pendant que j'étais malade. D'abord, je ne voulais pas aller les voir. Cependant, je me suis décidé à oublier le passé douloureux, afin que je puisse aller avec la paix dans mon cœur, parce que Dieu m'avait béni en retrouvant ma santé. Je me sentais même heureux d'avoir l'opportunité de glorifier devant eux, ce Dieu qui m'avait guéri et m'avait donné une vie nouvelle.

Cela faisait un temps très long que je n'avais plus été capable d'effectuer un voyage dans un état de joie et de santé. Les montagnes, les arbres et tout ce qui passait devant la vitre du train paraissaient merveilleux.

Tous les membres de ma famille étaient réunis là. Mon père et ma mère, mes frères et leurs femmes, mes sœurs et leurs maris, les neveux et les nièces… Nous étions une grande famille. Je me suis réjoui de la fête, servant les invités plus âgés pour mon père. Les membres de ma famille et les villageois étaient surpris de me voir en bonne santé.

« Ceci est un miracle, un miracle ! Tu es béni. Est-il vrai que Dieu t'a guéri ? Je ne puis croire cela. Tu as eu de la chance. C'est cela. »

Malgré qu'ils me félicitaient, ils ne pouvaient pas essayer de croire que Dieu m'avait guéri. Seule ma mère, lorsqu'elle a commencé sa vie chrétienne et qu'elle a enlevé toutes les idoles de sa maison, y compris la statue de Buddha, pouvait témoigner de ce que Dieu est vivant.

« Comment se fait-il que tu ne crois pas que Dieu a guéri Jaerock ? Ne te souviens-tu pas que j'ai prié différents dieux pendant des années et que je n'ai rien reçu ? Mais juste après que sa sœur et lui sont allés prier Dieu, il est revenu entièrement guéri. Tu devrais croire que Dieu a effectivement guéri Jaerock qui mourait. Seul Dieu peut faire cela, seul Dieu ! »

Mes parents devaient être satisfaits de voir leurs fils et leurs filles qui se réjouissaient ensemble, parce qu'ils n'avaient pas eu ce genre de réjouissance depuis un temps assez long. Ma santé restaurée n'a fait qu'ajouter une joie supplémentaire à la célébration.

Ma femme s'est enfuie de la maison

Lorsque ma femme était en train d'emballer ses affaires vers la fin de la fête, ma mère l'a appelée. Ma mère aurait du être désolée de m'avoir dit un an auparavant, 'Tu ferais mieux de mourir.'

« Ma chère belle-fille, tu as traversé tant de souffrances, ce devait être ton destin d'avoir un mari malade. Maintenant, il a retrouvé la santé. S'il te plaît, regarde cela donc comme ta malchance. Oublie le passé et mène une vie heureuse à partir de maintenant. »

Cette déclaration a rendu le visage de ma femme livide. Elle trembla et fut rendue muette par le choc.

« Tu veux dire que mon mari est tombé malade à cause de moi ? » Ma femme au caractère chaud, ne pouvait plus parler et elle se leva brusquement.

« OK, alors. Je demande le divorce, d'accord ? » Elle cria et sortit.

Ma sœur aînée essaya de l'arrêter, « Arrête, belle sœur, tu te méprends ! » Elle se dégagea de la main de ma sœur et sortit de la maison en courant.

J'étais en train de boire avec mon père et mes frères et j'entendis ma femme qui s'encourait.

« Mère, pourquoi as-tu dit cela ? Ne pouvais-tu pas reconnaître sa dure vie, au contraire ? Pourquoi as-tu dit que je suis devenu malade à cause de sa destinée ? » Malgré que je savais que ma mère ne pensait pas ce qu'elle disait, je ne pouvais pas retenir ma colère contre elle.

Je croyais que ma femme allait revenir bientôt, après avoir fait une pause, parce qu'elle avait laissé toutes ses affaires. Mais elle ne revint pas, et je commençai à m'inquiéter pour elle.

« Comment ose-t-elle aller loin ? Elle rentrera bientôt. Parlons seulement pendant que nous l'attendons. »

« Tu sais, frère. Ta femme était trop têtue et gaspilleuse. C'est pourquoi tu es pauvre maintenant. Pourquoi n'admets-tu pas son attitude maintenant ? Quelle belle-fille ose se fâcher contre sa belle-mère et s'enfuir ? Cela n'est pas acceptable ! »

Mes frères essayèrent de me réconforter, mais je n'aimais pas qu'ils parlent du mal de ma femme.

« Oh, moi ! Qu'y a-t-il de mal avec cela ? Je viens de retrouver mon doux foyer. »

Je ne pouvais plus continuer à attendre ma femme. Tous mes rêves semblaient s'effondrer. Je me sentais tellement fâché que je ne me contrôlais plus. Je me suis précipité dans la cuisine, J'ai pris une bouteille de 750 ml de Soju (un genre de whisky coréen bon marché) et j'ai mis le goulot en bouche. J'ai parlé à mes frères et à mes parents d'une lourde voix d'ivrogne, exprimant mes plaintes.

« Pourquoi parlez-vous mal d'elle derrière son dos ? Croyez-vous que cela me plaise ? Pas question ! Je vais me suicider ! »

Les membres de ma famille, qui s'étaient réjouis de la fête, furent choqués de mon attitude frénétique. Et les invités commencèrent à murmurer à propos de la fuite de ma femme et de ma menace de suicide. J'étais tellement embarrassé que j'allai dans la maison de ma sœur pour me cacher.

Je comprenais ma femme. Elle a du se sentir blessée de la manière dont ma mère l'avait maltraitée. Elle n'avait reçu aucune reconnaissance de la part de ma mère pour ses souffrances d'avoir pris soin de moi, son mari malade pendant ces sept longues années. Je pouvais comprendre pourquoi elle avait fui.

Je ne voulais plus attendre qu'elle revienne. Elle avait simplement disparu sans laisser de signes que je puisse suivre. J'ai pensé que ma femme était tellement fâchée qu'elle voulait rentrer immédiatement à Séoul. J'ai quitté ma ville natale pour Séoul afin de trouver ma femme. J'ai seulement amené ma fille aînée Miyoung avec moi. Nos avons pris le train, qui me semblait rouler trop lentement. J'étais désolé de ne pas avoir d'autres moyens d'arriver plus vite à Séoul. Ma pensée était remplie de l'idée de voir ma femme le plus tôt possible.

En arrivant à Séoul à la maison, j'ai appelé ma femme d'une voix forte. « Chérie, ouvre la porte ! Nous sommes là ! »

Je croyais que ma femme allait sortir pour nous accueillir. Mais nous n'avons vu aucun signe d'elle. Nous nous sommes précipités vers le snack bar. Il était fermé. Je n'avais plus la force de marcher. Je me sentais comme si j'avais tout perdu.

Mon doux foyer était brisé

Mon souci commença à grandir. Je ne pouvais pas renoncer à mon doux foyer, parce que je ne m'étais plus senti heureux pendant longtemps.

Elle ne laissait rien derrière elle pour nous – son mari et deux filles. Je l'ai cherchée en questionnant partout, mais je n'ai pas pu la trouver.

Le lendemain, elle est revenue à la maison. Elle semblait totalement différente de ce qu'elle avait été. J'avais douté de ce qu'elle voulait le divorce. J'étais dans l'erreur. Mon espoir était brisé.

« Je te quitte, OK ? J'ai déjà commencé la procédure de

divorce dans ma ville natale, Mopko. »

Ma femme paraissait fermement décidée. J'étais muet de stupéfaction. Je n'ai même pas pu lui dire un seul mot.

Le lendemain, ma femme vint avec ses frères et ses sœurs pour emporter tout ce qu'elle avait amené lors de notre mariage.

« Elle n'est plus ta femme, n'essaye pas de nous arrêter. »

Ils ont tous pris. Ils ont vidé ma maison, nous laissant un vent froid. Je ne voulais pas vraiment les regarder faire cela. Ils ont même essayé de se faire rembourser le dépôt de garantie du contrat de location.

Ma fille de cinq ans Miyoung pleurait, s'accrochant à la chemise de ma femme. « Maman, ne part pas ! Reste avec nous, je t'en prie ! »

« Tu dois conserver ta détermination. Pas de pitié du tout ! Ne regarde pas en arrière. »

Ma femme qui hésitait un peu entre sa famille et sa fille, repoussa sa fille. Miyoung courut pour s'accrocher à la chemise de sa mère. Elle supplia à nouveau, « Maman, ne pars pas, s'il te plaît. Non, non ! »

Mais ma femme nous a quitté, ne regardant pas en arrière. Ils disparurent en camion devant nous. Ils n'avaient laissé aucune pitié derrière eux.

Miyoung, ne se préoccupant même pas de ses chaussures qu'elle perdait, essaya d'arrêter à nouveau sa mère. Ses larmes, en suivant sa mère et le fait de se rouler à terre ne changèrent rien chez ma femme. Miyoung arrêta ses pleurs et sérieusement elle me dit, « Papa elle n'est plus ma maman. Je ne l'appellerai plus 'Maman' à partir de maintenant.

J'étais choqué d'entendre cela. Elle était trop jeune pour dire cela. C'était creuser un autre trou de solitude et de tristesse dans mon cœur.

Je me suis encouragé, espérant toujours que ma femme n'enregistrerait pas le divorce. Depuis ce jour, je commençai à prier.

« Dieu, ma femme a quitté notre maison. S'Il te plaît, renvoie la moi afin que nous puissions récupérer notre doux foyer, et bâtir une bonne foi, et afin qu'elle puisse bien prendre soin de nos enfants. Je crois que tu vas m'aider. »

J'ai prié avec ferveur pendant quinze jours. Et pendant ces quinze jours, je vérifiais les maisons de connaissances où elle pourrait éventuellement rester.

« Elle n'est plus ta femme, non ? Abandonne. Ce sera impossible de la trouver. Pourquoi n'essayes-tu pas de trouver une autre femme à épouser ? »

Ma belle mère ne m'a jamais autorisé à entrer dans sa maison. J'étais terriblement blessé de ce que toute la famille de ma femme la soutenait dans son divorce.

Après que ma femme se fut enfuie, j'ai envoyé ma fille Miyoung chez mes parents, qui habitaient à la campagne.

Un jour, un appel de détresse me vint de la campagne. Il s'agissait de ma fille, Miyoung, qui était hospitalisée parce qu'elle souffrait d'une maladie de peau maligne.

Mes parents dirent, « Miyoung est dans le coma à

l'hôpital maintenant. Elle appelle par intermittence, 'Maman'. Il vaut mieux que tu trouves sa mère et que tu l'amènes voir Miyoung ; ce pourrait être la dernière fois. »

Je me suis adressé avec insistance aux parents de ma femme. Ma belle-mère répondit à ma demande. « N'est-ce pas mieux pour tous les deux ? Ma fille et toi ne devrez plus vous soucier d'elle, si elle meurt... Ce sera plus facile pour toi de te remarier. »

Malgré que Miyoung n'aie pas pu voir sa mère, elle survécut. Je n'en pouvais plus. Je devins épuisé et terriblement déçu par l'attitude vicieuse des gens. Je marchais dans un monde mauvais.

J'avais rencontré Dieu, et je savais comment prier. Mais je ne connaissais pas la Parole de Dieu. Je n'avais donc aucune force pour combattre la douleur du malheur qui me heurtait soudainement comme un vent de tempête.

J'ai bu encore et encore jusqu'à ce que je m'oublie. Je haïssais ma mère qui avait causé notre divorce. Je haïssais ma femme qui s'était fâchée au départ d'un malentendu et avait entamé le divorce. Je haïssais la famille de ma femme qui ne m'a jamais permis de voir ma femme. J'ai bu pour oublier les gens que je haïssais.

Je fumais jusqu'à me rendre malade. Mes pauvres filles... Je fumais pour ne pas penser à mes deux filles abandonnées par leurs parents qui étaient toujours en vie. Je soufflais des ronds de fumée en l'air ayant la forme du visage de mes filles. Comme les ronds de fumée se dissipaient, mon regret pour mes filles se dissipait également.

Dès que j'avais de l'argent, je le dépensais pour le plaisir de tout oublier.

J'ai retrouvé la force, en m'appuyant uniquement sur Jésus

Quelques jours plus tard, je me sentais le cœur lourd.

Lorsque je criais, « Je ne peux pas perdre le bonheur que je viens de trouver, » Dieu me donna ce message instructif :

'Qui t'a rendu ta santé. C'était Dieu. Qui peut te sauver de la douleur maintenant ? Seul Dieu le peut. Perdre ton temps en t'éloignant du droit chemin ne peut t'apporter aucune solution. Ton bonheur a déjà disparu. Tu n'as aucun moyen de le ramener maintenant. Laisse toutes choses à Dieu, et appuie- toi sur Lui.'

Je devais admettre que mon mariage se brisait.

Le mariage, selon Genèse 2 :24, signifie qu'un homme quitte son père et sa mère, est uni à sa femme et ne forme avec elle qu'une seule chair.

Lorsqu'une épouse ou un époux quitte la maison lorsqu'il ou elle ne peut plus se mettre en accord avec l'autre, automatiquement leur mariage se brise. J'ai souffert de la rupture de mon mariage, qui a été causée par ma femme. Mais je n'ai jamais oublié Dieu.

Je pouvais retrouver ma force en m'appuyant sur Dieu.

De mon esclavage, du regret et de la nuit

Jésus je viens, Jésus je viens ;
De ma honte, mon échec et ma perte,
Jésus je viens, Jésus je viens ;
Dans le glorieux gain de Ta croix,
Jésus je viens à Toi.
Des regrets terrestres, dans Ton baume,
Des tempêtes de la vie, dans Ton calme
De la détresse à un psaume joyeux,
Jésus je viens à Toi.
Sortant de moi-même pour entrer dans Ton amour
Sortant de mon désespoir pour entrer dans les ravissements d'en haut,
Montant pour oui sur des ailes comme une colombe
Jésus je viens à Toi.

Ma femme s'est unie à moi et est devenue une seule chair avec moi. Nous avons partagé toutes les souffrances ensemble et nous avons accepté Jésus au même moment. Cependant, lorsqu'elle m'a abandonné, j'ai réalisé la vérité : seul Dieu ne m'abandonnera jamais, quelle que soit la circonstance.

Ma femme et moi étions séparés. Elle a finalement obtenu son divorce, tout comme elle avait l'habitude de me le dire pendant que j'étais malade, « J'aurai un divorce, dès que tu iras mieux. »

Comme il est écrit dans Proverbes 13 :2-3, 'Par le fruit de la bouche, on jouit du bien ; mais ce que désirent les perfides c'est la violence. Celui qui veille sur sa bouche garde son âme ; celui qui ouvre de grandes lèvres, court à sa perte,' la plainte de ma femme a abouti. Exactement comme elle l'avait dit, nous avons divorcé. Combien cela est-il terrible !

Notre divorce a entraîné la maladie de mon père. Ma mère m'a pressé de me remarier chaque fois qu'elle me voyait. Bien sur, chaque fois j'objectais :
« Mère, je ne peux pas même songer à vivre avec quelqu'un d'autre que la mère de Miyoung. Elle me reviendra sûrement. »
Puisque j'avais décidé de tout abandonner à Dieu, j'ai essayé d'effacer l'affection qui me restait dans mon cœur pour ma femme.

Un jour, je suis sorti pour rencontrer une femme, parce que ma mère m'avait forcé. Ma mère avait dit que cette femme avait un bon cœur et qu'elle était toujours gentille avec ses parents.
J'ai vu la femme au lieu de notre rendez-vous. Elle était la femme idéale dont j'avais toujours rêvé. Cela me semblait incroyable de rencontrer le style de femme dont j'avais rêvé. Nous avons vu que nous plaisions l'un à l'autre. Nos deux parents ont donc commencé à préparer notre mariage.
Quelques jours plus tard, ma femme est apparue de manière inattendue. Elle m'a dit qu'elle avait quelque chose à me confesser. Elle se précipita dans mes bras et éclata en sanglots.
« Je me suis trompée, chéri. J'ai été mauvaise avec toi.

S'il te plaît, pardonne- moi. »

J'avais déjà pris la décision d'oublier ma femme et de me remarier. Aucune affection conjugale ne pouvait rester dans mon cœur, parce que le fait d'abandonner nos filles et moi m'avait causé une déception tellement horrible. S'il me restait quelque chose dans le cœur pour elle, c'était de la haine.

Si Dieu était dans ma situation, que ferait-Il ? Je priai pour Son conseil.

« Dieu, ma femme est revenue et me demande de lui pardonner. Jésus a dit, 'Ne pardonnez pas sept fois, mais septante fois sept fois.' Tout en réfléchissant à ma vie pénible après sa fuite, j'avais toujours un peu de haine en moi. Père, que ferais-je ? J'ai même promis d'épouser une autre femme bientôt. Cette femme est-elle meilleure que ma femme pour élever mes enfants qui sont encore jeunes ? S'il Te plaît, dis- moi ce que je dois faire, Dieu. »

J'ai dit à ma femme, « Tu ferais mieux de partir. Car, même si je te pardonne, ma famille ne te pardonnera pas. »

Elle ne recula pas. Son attitude était fermement décidée. « Je recevrai le pardon de tous. Je t'appartiens ainsi qu' à ta famille. Je ne quitterai pas cette maison. »

Ma femme était généralement une femme hautaine, mais elle paraissait totalement différente.

Je lui ai dit que je pourrais lui pardonner aux conditions suivantes :

Elle devait obéir à moi, son mari à 100%. Elle devrait demander pardon à mes parents et à tous les membres de ma famille. Sa famille devait venir s'excuser auprès de moi. Elle a promis qu'elle ferait tout ce que je lui avais demandé.

Je suis allé chez la mère de la femme que je voulais marier. Elle s'est plaint auprès de moi. « Pourquoi as-tu annulé le mariage ? As-tu trouvé un quelconque problème avec ma fille ? Si ce n'est pas le cas, tu ne peux pas faire cela ! »

Je lui ai expliqué toute l'histoire en détail. De manière inattendue, elle fut d'accord avec l'annulation.

Ma femme me revint

Etant donné cela, j'ai pardonné à ma femme et je me suis réuni avec elle. Cela faisait 120 jours qu'elle m'avait quitté. Pendant ces jours, Dieu avait transformé ma femme têtue en femme soumise, comme un agneau.

Plus tard, j'ai réalisé que cela faisait partie du travail de Dieu dans ma famille.

Début novembre lorsque l'automne atteignait son apogée, ma femme ramena tous ses biens à la maison. Nous avons recommencé à bâtir notre nid de bonheur, notre doux foyer.

Malgré que le brisement de mon mariage m'ait blessé, je n'ai jamais cessé de fréquenter l'église, parce que j'avais cru dans le Dieu vivant. Le fait de fréquenter l'église ne m'avait cependant pas donné une pleine compréhension de la Parole de Dieu.

Un jour, mon nouveau propriétaire m'avait encouragé à participer à une campagne de réveil à l'église Sungdong située à Oksoo-dong. Rempli d'une nouvelle détermination, ma femme et moi avons participé à chaque réunion de la campagne de réveil, de l'aube au soir. Chaque fois, nous préparions une offrande pour Dieu et nous prenions les meilleurs sièges devant afin de recevoir l'abondante grâce que Dieu pourrait nous donner.

Ma femme est passée par une repentance dans les larmes lorsqu'elle a entendu avec attention la prédication sur Ruth, qui était veuve, mais avait servi sa belle-mère, Naomi. Ma femme qui avait été fâchée contre sa belle-mère se repentit. Elle s'est également repentie d'avoir fui et d'avoir entamé un divorce.

« Belle-maman, j'ai été une mauvaise bru. A partir d'aujourd'hui, je ferai de mon mieux pour te servir, tout comme Ruth l'a fait pour Naomi. »

J'étais heureux de voir ma femme changée. Auparavant, elle avait fait des excuses involontaires à ma mère, afin que nous puissions restaurer notre mariage, et annuler mes plans de mariage avec une autre femme célibataire.

J'ai aussi reçu une grâce débordante de Dieu. J'ai abandonné la boisson et le tabac. J'ai appris comment je devais vivre la vie d'un chrétien qui aime vraiment Dieu. Depuis ce jour là, j'ai rajouté ce sujet à ma prière : « Dieu, aide-moi à me débarrasser de tout mal dans mon cœur. »

S'il Te plaît, aide-moi à pardonner aux autres

« Quiconque hait son frère est un meurtrier, et vous savez qu'aucun meurtrier n'a la vie éternelle en lui. Quiconque ne fait pas ce qui est bien n'est pas un enfant de Dieu ; ni non plus celui qui n'aime pas son frère. »

La prédication du pasteur m'a touché dans le plus profond de mon cœur. J'ai prié de tout mon cœur.

« Oh Seigneur ! Je me souviens de ma belle-mère qui m'a appelé, 'Paralytique', 'Menteur.' S'il te plaît, aide-moi à oublier ce mauvais souvenir d'elle.

Jésus ! Je Te prie, dissipe la haine pour ma femme, qui s'est plainte à moi pour ne pas avoir gagné de l'argent. S'il Te plaît, pardonne-moi qui ai dit à ma femme, 'Je me vengerai de toi lorsque je serai riche après ma guérison.'

Oh Seigneur, je me souviens encore que mes parents et mes frères m'ont abandonné et ont abusé de moi en disant, 'Tu ferais mieux de mourir' S'il Te plaît, fais disparaître ma haine afin que je puisse leur pardonner.

Jésus ! J'ai haï ceux qui m'ont jugé sur mon apparence et non selon mon cœur, en m'ignorant à cause de mon incapacité de gagner de l'argent. Ils complimentent ceux qu'ils aiment, mais ils ignorent ou abusent de ceux qu'ils n'aiment pas. S'il Te plaît, aide-moi à ressentir de l'amour au lieu de la haine pour ces personnes.

S'il Te plaît, aide-moi à pardonner à tous. »

Ma femme et moi avons pleuré à chacune des réunions du réveil. Nous avons pleuré sur les regrettables jours du passé. Nous avons pleuré et nous avons été reconnaissants pour l'amour de Dieu, qui nous a rendu capables de pardonner à tout le monde.

Oh Dieu ! Tu as changé ma haine en amour !
Tu as transformé ma haine en pardon !

Tu as transformé mon infortune en bonheur !
Merci pour ta majesté !

Dieu a travaillé en moi et dans ma famille. Il a changé les tempêtes – ma femme qui fuit, le divorce et la réconciliation – en une vie paisible d'obéissance et d'amour.

Jusqu'au bout de mon voyage

Après que le cyclone soit passé, tout devint calme. De la même manière, lorsque ma femme est revenue, ma maison s'est apaisée.

Ma femme qui voulait être pardonnée par ma famille, a pris la résolution de mener une nouvelle vie. Ma famille était enchantée de son changement. Moi aussi, je voulais passer une vie valable et heureuse avec ma femme pardonnée.

Il semblait que je n'avais rien à envier, si je vivais par la grâce et l'amour de Dieu qui m'avait guéri instantanément. La chose la plus heureuse pour nous était que nous allions vivre dans la joie et la paix dans ce monde et ensuite aller au ciel. Combien le ciel doit-il être merveilleux ! Il n'y a pas de larmes, de regrets, de douleur ni de maladie dans le ciel. Nous vivrons éternellement là bas par l'amour de Dieu.

J'aimais cela parce qu'il n'y a pas de maladie là haut et

parce que j'avais déjà souffert de maladies. Je croyais vraiment dans le ciel et je désirais y aller parce que j'étais ignoré et rejeté par de nombreuses personnes, versant des larmes et me rongeant de regrets dans ce monde.

Ayant décidé de vivre en tant qu'enfant de Dieu, j'ai demandé au Dieu tout puissant de s'occuper de toutes choses qui m'appartenaient afin que je puisse vivre sous sa protection et sa direction.

« Oh, Père céleste ! Tu es mon véritable Père. Je suis Ton fils. Je veux vivre ma vie en tant que Ton fils. S'il Te plaît, protège-moi toujours, guide-moi, enseigne-moi et aide-moi. Tu es mon Père à jamais, dans ce monde et au ciel. »

Je voulais aimer Dieu

Un jour Dieu m'a donné une merveilleuse bénédiction au travers du message d'une prédication. 'J'aime ceux qui m'aiment, et ceux qui Me cherchent Me trouvent.' (Proverbes 8 :17) Je ne pouvais pas comprendre avec exactitude ce que cela voulait dire, mais je voulais fermement aimer Dieu et être aimé par Lui. Je voulais véritablement Le chercher et Le trouver.

A partir de cette date, ma vie fut totalement renouvelée.

Je n'ai jamais manqué un culte d'adoration. Le dimanche matin, le dimanche soir et le mercredi soir, j'aimais Dieu en participant à tous les cultes. Un jour, j'ai entendu le message. J'ai fait de mon mieux pour pratiquer ce qui avait été dit.

Je ne pouvais pas tout comprendre des messages prêchés pendant les cultes. Je n'avais aucun conseiller pour faire grandir ma foi. Malgré que je ne puisse pas comprendre complètement la Parole de Dieu par moi-même, je faisais de mon mieux pour suivre Ses enseignements.

'Rendez grâce en toutes choses'. Je gardais ce message dans mon cœur. Je me suis examiné pour voir si je rendais grâce pour toutes choses. Tandis que je m'examinais, je trouvais que j'avais rendu grâce dans toutes mes circonstances.

« Dieu, je croyais que j'avais rendu grâce en toutes choses. Mais je me rappelle que je n'ai pas rendu grâce pour mon travail pénible que j'avais eu. Je ne crois pas que Tu dirais que j'ai rendu grâce dans toutes les circonstances. Je Te prie de m'aider à rendre grâce dans toutes les circonstances à partir de maintenant. »

J'ai prié à Dieu comme un enfant, Lui parlant. Alors Dieu me fit savoir si je rendais grâce ou non. C'était la méthode de Dieu pour m'enseigner pourquoi je devais rendre grâce.

Je travaillais toujours sur des sites en construction. Je devais me lever tôt le matin pour aller travailler. Mon travail était très dur. C'est pourquoi, je grognais pendant mon sommeil, et tout mon corps me faisait mal.

Mon intelligence ne cessait de me dire, 'Quitte'. Mais je m'encourageais à surmonter cela. Comme le temps passait, je me sentais moins fatigué. Mon appétit devint plus grand et je commençai à manger plus. Tout ce que je mangeais, je le digérais parfaitement. Je me sentais confiant de faire n'importe quel travail pénible. Ma santé s'est améliorée et je devins plus fort.

Dieu m'a laissé prendre ce travail harassant. Je remerciais Dieu pour Sa sagesse et Son amour. « Oh Dieu ! Merci beaucoup ! Tu m'as fait travailler et œuvrer. Comment pouvais-je savoir que c'était ta voie ? Je comprends maintenant. J'ai réalisé combien Tu es sage et combien merveilleux est Ton amour. »

Malgré que je sois guéri, mon corps n'était pas encore fort, parce que je n'avais pas fait d'exercice pendant longtemps. Afin de fortifier mon corps, Dieu m'a donné un travail difficile. Je remerciais Dieu grandement pour cela.

Tandis que je pratiquais les messages bibliques dans ma vie quotidienne, Dieu m'a guidé pour vivre comme l'un de Ses enfants.

Certains soirs, je ne pouvais pas dormir. Au lieu de dormir, je me réjouissais de rêver de mon futur, comment je pouvais cultiver cette nouvelle vie, vivant comme un enfant de Dieu.

Mon doux foyer

Ma plus grande espérance était de vivre selon la Parole de Dieu et de bâtir mon doux foyer. J'ai prié le Dieu tout puissant. Je me suis agenouillé et j'ai prié Dieu, parce que j'étais sûr qu'il me répondrait sûrement.

« Oh, Père céleste ! Tu es notre guide ! Merci de donner

la joie et la vie à ma famille. Merci de nous donner la foi. Père, s'il Te plaît, bénis-moi pour cultiver ma foi de manière plus précise pendant ma vie dans ce monde. S'il Te plaît, bénis-moi pour posséder une meilleure espérance. S'il Te plaît, bénis- moi pour posséder un amour plus précieux.

Avant que je n'aie accepté Jésus, je n'avais pas de foi, uniquement de la douleur. Je n'avais pas d'espérance, uniquement du regret. Mais maintenant, j'aime notre Seigneur. »

Je continuais à prier.

« S'il Te plaît, bénis-moi pour aimer plus ma femme, bénis ma femme pour qu'elle me serve bien, et bénis nous pour que nous puissions prendre soin de nos enfants afin que nous puissions bâtir un doux foyer. S'il Te plaît, guide-moi pour mener une vie heureuse avec la foi jusqu'à la fin de mon voyage. S'il Te plaît, aide-moi à vivre une vie joyeuse avec une espérance. S'il Te plaît, bénis-moi pour vivre une vie paisible dans l'amour. »

Je priais avec ferveur. Je croyais que Dieu ne permettrait à aucune ombre d'infortune de venir sur ma famille à nouveau.

Ma famille a construit un doux foyer tandis que nous priions, débordants de joie et de reconnaissance, avec l'amour et la paix, et avec des louanges et des prières. S'il y avait une chose dont nous avions besoin, c'était de l'argent. Après que ma femme se fut enfuie et avait demandé le divorce, son snack bar avait été fermé. Automatiquement, l'intérêt de la dette avait grandi, ce qui a fait empirer l'état de nos finances.

Ma politique était que je devais rembourser mes créanciers, malgré que je n'eusse pas de nourriture à manger. J'ai travaillé plus dur. Je faisais n'importe quel travail dur ou sale, tout ce qui m'était présenté. Je faisais toutes sortes de travaux laborieux. Ma femme aussi travaillait très dur. Elle achetait parfois des coquillages salés à Incheon au prix de gros pour faire un profit, vendait des algues brunes et faisait un autre travail de porter des rochers. Nous travaillions tous les deux très dur pour gagner de l'argent. Nous ne ressentions aucune honte dans aucun travail, mais uniquement de la joie.

Je voulais glorifier Dieu

J'avais un autre désir. En tant qu'enfant de Dieu, je voulais être béni dans le travail que Dieu m'avait donné et Le glorifier, en aidant les gens pauvres. Dans ma prière je croyais qu'il voulait me bénir avec un nouveau et meilleur travail.

« Dieu, Tu m'as donné la santé. Je crois que Tu vas me donner des bénédictions aussi. En accomplissant des travaux laborieux, j'ai attendu un bon travail que Tu me donnerais. Dieu, s'il Te plaît, donne-moi un grand travail bientôt. Tu sais tout de ma situation financière. Je crois que tu vas me bénir avec un travail merveilleux. »

J'ai prié pour une bénédiction financière parce que je désirais accomplir mon rôle en tant que chef de ma famille et servir le royaume de Dieu. Mon désir, de devenir un ancien et de travailler alors pour l'église, devenait de plus en plus fort. Malgré que je sois dans le besoin pour plusieurs choses, je n'ai demandé à personne de m'aider. Je pensais que cela ne glorifierait pas Dieu, si je recevais de l'aide d'autres personnes. Lorsque mon second frère s'est porté volontaire pour me soutenir, j'ai refusé. C'est parce que si je devenais prospère dans le futur à cause de son aide, la gloire n'irait pas à Dieu, mais à lui.

Un autre travail bien payé me fut donné. Je l'ai immédiatement refusé, parce qu'ils me demandaient de travailler deux dimanches par mois. Je ne voulais pas dédaigner le Jour du Seigneur pour de l'argent. Je ne voulais pas accepter une offre d'emploi avec un gros salaire, si elle me forçait à violer les lois de Dieu. J'ai seulement attendu le jour où Dieu m'ouvrirait le chemin des bénédictions. J'ai volontairement continué à faire des travaux laborieux.

Je voulais partager l'évangile

J'avais un troisième désir.

« Dieu, Tu m'as complètement guéri de toutes mes maladies. Je crois que tu vas protéger ma famille et moi-même de toute maladie. Lorsque j'ai été guéri, c'était la première fois pour moi de Te rencontrer et de croire en Toi, le Dieu vivant. Il y a tellement de gens malades dans ce monde. Je voudrais leur faire connaître que tu es le Dieu vivant. »

J'ai essayé de prêcher l'évangile à autant de gens que

possible. Je leur ai fermement expliqué comment Dieu m'avait guéri, de combien de maladies je souffrais avant d'être guéri, combien Dieu nous aimait, et quelles bénédictions nous allions recevoir si nous croyons en Jésus Christ. J'ai parlé de Dieu et de Sa guérison à mes collaborateurs proches, mes relations et mes voisins.

Ma famille n'avait rien à faire valoir auprès des autres. Mais nous nous réjouissions en tout temps et nous rendions grâce pour tout. Non seulement moi, mais aussi ma femme et mes enfants n'avions d'autre travail qui nous rendait plus heureux que d'aller à l'église.

Des chansons de louange coulaient toujours de ma maison. Mes enfants dansaient et chantaient souvent. Elles étaient mignonnes et belles à voir. Je pouvais dire combien notre Dieu pouvait être heureux de les voir.

Ma famille avait été dans la douleur sans connaître Dieu. Après avoir connu Dieu nous sommes devenus heureux, recevant l'amour de Dieu. Depuis lors, nous avons mis notre espérance dans le ciel de sorte que nous n'avons plus envié la prospérité et l'honneur de ce monde.

Lorsque nous sommes allés à l'église avec de nouveaux voisins, nous avons marché de manière plus heureuse que les autres jours. Spontanément, j'ai chanté une louange et ma femme m'a accompagné en chantant.

Mon Sauveur me conduit le long du chemin ;
Que puis-je demander de plus ?
Puis-je douter de sa douce miséricorde,

Qui au travers de la vie a été mon guide ?
Paix divine, réconfort divin,
Ici, par la foi, demeurant en Lui ;
Parce que je sais que dans tout ce qui m'arrive,
Jésus a rendu toutes choses bonnes.
Parce que je sais que dans tout ce qui m'arrive,
Jésus a rendu toutes choses bonnes.

4
LE CARACTERE PRODUIT L'ESPERANCE

J'étais un pécheur

Ma femme et moi vivions une nouvelle vie pleine d'une nouvelle espérance. Un jour, Dieu nous a donné une grande bénédiction.

C'était en novembre 1974, lorsque l'église Oksoo-dong de Sungdong tenait une réunion de réveil. Lors de ce réveil, l'orateur principal, le Révérend Byong-ok Pak prêchait sur le thème, 'Donnons tout ce que nous possédons !'

Pendant la réunion du lundi soir, l'orateur, le Révérend Pak est descendu de l'estrade et nous a imposé les mains à ma femme et moi. C'était une prière inattendue pour nous.

Le lendemain, nous ne pouvions assister à la réunion du matin pour certaines raisons. Par la suite, nous avons appris que l'orateur nous a cherché alors que nous étions absents, et il a dit 'Dieu a préparé ce réveil pour un certain couple qui est absent en ce moment. Ils ne devraient rater aucune réunion. Veuillez je vous prie les en prévenir si vous habitez près de chez eux. » Après avoir entendu cela, nous avons assisté à toutes les réunions à partir du mardi soir.

Au travers de la prédication de l'orateur, j'ai appris que Dieu a tout créé dans l'univers ainsi que la race humaine, et il a envoyé son Fils unique Jésus Christ pour nous racheter de nos péchés. J'ai pu ressentir Son amour et Son existence dans mon cœur.

Nous devrions croire en Dieu le Créateur

Afin de croire en Jésus, nous devons commencer par la prise de conscience 'Je suis un pécheur'. Si je ne reconnais pas que je suis un pécheur, je ne puis pas croire que Jésus est mort à la croix pour nous racheter du péché.

Il est écrit dans Matthieu 1 :21, « Elle enfantera un fils, et tu Lui donneras le nom de Jésus, parce qu'Il sauvera son peuple de ses péchés. »

Afin d'admettre que nous sommes pécheurs, nous devons croire que Dieu a créé toutes les créatures, y compris la race humaine, et qu'Il a tout contrôlé pour nous – la naissance, la mort, le malheur et le bonheur.

Comme Dieu l'a dit dans Genèse 1 :1, au tout début de la Bible, « Au commencement, Dieu a créé les cieux et la terre, » Il a créé le jour et la nuit, le ciel et la terre, la mer, les plantes, le soleil, la lune, les étoiles, les animaux et l'homme.

Genèse 2 :7 dit, « L'ETERNEL Dieu forma l'homme de

la poussière de la terre, il souffla dans ses narines un souffle de vie et l'homme devint une âme vivante. » Dieu a créé l'homme et la femme. Dieu les a béni et leur a dit, « Soyez féconds, multipliez, remplissez la terre et assujettissez-la. » (Genèse 1 :27-28)

Ceci est le compte rendu de la Création : Dieu le Créateur a planifié, créé et gouverné toutes choses.

D'autre part, il y a la doctrine de l'évolution. La doctrine de l'évolution dit que la vie a été formée accidentellement et s'est développée dans chaque espèce de manière indépendante. Certains évolutionnistes sont cependant en train de déprécier cette doctrine.

Il est vrai que la manière dont nous conduisons nos vies dépend de la doctrine en laquelle nous croyons. Ceux qui placent l'origine de la vie dans l'évolutionnisme, vivront pour des désirs terrestres basés sur l'humanisme. A l'inverse, ceux qui croient que Dieu a tout créé, vivront selon la volonté de Dieu le Créateur, en se basant sur des désirs célestes.

En quelle doctrine allez-vous croire ?

Observons un bâtiment élevé. Tout d'abord, l'architecte dessine le bâtiment avec sa sagesse comme il (elle) le désire. Les ouvriers du bâtiment le construisent alors en commençant par les fondations tel qu'il a été dessiné. Aucun bâtiment ne peut être construit sans un plan. Des postes de radio ou de télévision ne peuvent pas non plus, être produits sans un plan.

Qu'en est-il du système solaire, qui tourne sans la moindre petite erreur ? Qu'en est-il des autres choses dans l'univers qui se déplacent dans l'ordre et l'harmonie ? Rien n'a été conçu par accident. Dieu a planifié et créé chaque objet de l'univers en particulier. Nous devons croire que cela est vrai.

Comment l'homme a-t-il été créé ?

Dieu a formé l'homme de la poussière de la terre à Sa propre image. Il a formé l'homme avec grand soin et amour, tout comme un potier façonne un pot. Lorsqu'Il a soufflé le souffle de vie dans ses narines, l'homme est devenu un être vivant. L'homme a commencé à respirer et le sang à circuler dans son corps. Dieu lui a aussi donné un cœur et une intelligence avec lesquels il peut se mouvoir et raisonner en tant qu'être vivant. De la même manière, lorsque nous fournissons du courant électrique à la télévision, nous voyons le téléviseur produire des images et des sons.

Si un homme peut construire de telles machines, Dieu devrait savoir comment créer un homme qui pense, parle et bouge.

Dieu a marché avec Adam, le premier homme qu'Il a créé, et lui a parlé de l'harmonie de l'univers, des lois du monde spirituel et des paroles de vérité.

« Soyez féconds et multipliez. Remplissez la terre ? »

« Assujettissez la terre. Dominez sur toute créature vivante. »

« Tu pourras manger de tous les arbres du jardin, mais tu ne mangeras pas de l'arbre de la connaissance du bien et du mal, car le jour où tu en mangeras, tu mourras certainement. »

« C'est pourquoi, l'homme quittera son père et sa mère, et s'attachera à sa femme, et ils deviendront une seule chair. »

Comme cela est mentionné plus haut, Dieu a instruit Adam pas à pas comment il devait vivre en tant que seigneur de toute la création. Dieu l'a aussi conduit sur le chemin de la bénédiction.

Pourquoi Dieu a-t-il créé l'homme ?

Malgré que Dieu ait été avec les armées célestes et les anges, Il a créé l'homme. Il savait d'avance que l'homme commencerait par Lui obéir, mais qu'il finirait par Lui désobéir. Pourquoi donc, a-t-il créé l'homme ?

Les êtres humains savent qu'ils doivent porter leurs bébés pendant 9 mois avant de donner naissance. Ils savent parfaitement que l'accouchement d'un bébé est très douloureux. Ils savent aussi qu'ils vont traverser des problèmes pour élever leurs enfants. Pourquoi donc, les parents veulent-ils des enfants ? C'est parce qu'ils veulent partager l'amour avec leurs enfants.

De la même manière, notre Père Dieu voulait partager l'amour avec Ses vrais enfants. Les hôtes célestes et les anges étaient comme des robots qui n'avaient pas de volonté propre, mais qui ne font qu'obéir. C'est pour cela que Dieu a créé l'homme qui avait la capacité de réflexion et un libre arbitre. Il voulait partager l'amour avec cet homme qui avait une capacité de raisonner.

Dieu avait planifié un plan de 6.000 années de culture de la race humaine afin d'élever Ses enfants pour vivre dans la vérité. Ces 6.000 ans sont l'histoire humaine depuis qu'Adam et Eve ont été chassés d'Eden à cause de leur désobéissance. Cela est décrit en détail dans la Bible.

Pourquoi Adam et Eve ont-ils désobéi à Dieu ?

Dieu n'a enseigné que le bien à Adam et Eve, et rien du mal. Adam avait vécu avec toutes espèces d'animaux dans le Jardin d'Eden, où il n'y avait aucun mal, marchant avec Dieu pendant un temps très long. Pendant ces innombrables années, Adam a vécu une vie heureuse, étant fécond et croissant en nombre.

Pendant qu'Adam vivait avec Dieu, Satan cherchait un moyen de tenter Adam afin qu'il trahisse Dieu. Adam et Eve étaient toujours sous le profond amour de Dieu. C'est pourquoi, Satan qui avait recherché tout moyen possible de tentation, a choisi le serpent, plus rusé que tous les autres animaux sauvages.

Connaissant parfaitement la volonté de Dieu, le serpent a cédé à Satan à cause de sa ruse.

Le serpent demanda à Eve « Dieu a-t-il réellement dit, 'Vous ne mangerez pas de tous les arbres du jardin ? »

Elle a répondu au serpent, « Nous mangeons des fruits des arbres du jardin, mais quand au fruit de l'arbre qui est au milieu du jardin, Dieu a dit, 'Vous n'en mangerez point et vous n'y toucherez point, de peur que vous ne mouriez.' »

Satan vit que sa tentation avait fonctionné avec Eve en changeant la Parole de Dieu de 'Vous mourrez certainement' en 'de peur que vous ne mouriez'. Alors, Satan tenta Eve plus intensément, en s'opposant directement à la Parole de Dieu.

« Vous ne mourrez point ; mais Dieu sait que le jour où vous en mangerez, vos yeux s'ouvriront, et que vous serez comme Dieu, connaissant le bien et le mal. »

Eve n'a pas combattu Satan avec la Parole de Dieu, mais a répondu avec un peu de doute à son sujet. C'est pourquoi, Satan a été capable de mettre en Eve des désirs mondains – base de l'homme pécheur, la convoitise des yeux et l'orgueil de la vie.

Lorsque la femme vit que le fruit de l'arbre semblait bon à manger, agréable à la vue, mais aussi précieux pour ouvrir l'intelligence, elle prit de son fruit et en mangea ; et elle en donna aussi à son mari, qui était auprès d'elle, et il en mangea. (Genèse 3 :1-6)

Dès cet instant, la tragique histoire de l'humanité a commencé. Il avait été donné à Adam l'autorité d'assujettir toute la terre et de gouverner toutes les créatures. Il désobéit cependant au Dieu tout puissant qui lui avait enseigné la loi – crains Dieu et ne mange pas du fruit de l'arbre de la connaissance du bien et du mal. Ceci est la raison pour laquelle Adam et Eve devinrent des pécheurs.

Dieu qui est juste, demanda à Adam, « Est-ce que tu as

mangé de l'arbre dont je t'avais défendu de manger ? »

Le Seigneur Dieu a donc banni Adam et Eve du Jardin d'Eden parce qu'il les avait prévenu, « Le jour où tu en mangeras, tu mourras certainement. » Après les avoir chassés, Il a placé des gardes sur le chemin de l'arbre de la vie.

Finalement, leur esprit est mort après qu'ils aient été chassés du monde spirituel. De plus, de nombreuses douleurs et des malédictions ont suivi. Pour la femme, Dieu a grandement augmenté les douleurs de l'accouchement. Il était donc douloureux pour une femme de mettre au monde ses enfants. Son désir la porta vers son mari et il domina sur elle. L'homme a pu survivre tous les jours de sa vie au prix d'un dur labeur. Il devait manger les plantes de champs, mais il ne pouvait manger sa nourriture qu'à la sueur de son front. Et de plus, il était destiné à mourir et à retourner à la poussière.

Le serpent fut maudit plus sévèrement que tous les autres animaux. Il devait ramper sur son ventre et manger de la poussière tous les jours de sa vie. Dieu a dit au serpent, « Je créerai l'inimitié entre toi et la femme, entre ta postérité et sa postérité : celle-ci t'écrasera la tête, et tu lui blesseras le talon. »

Ici 'poussière' signifie spirituellement l'homme fait au départ de la poussière. 'Le serpent mangera de la poussière' signifie qu'à cause de la désobéissance d'Adam, l'homme est devenu de la nourriture pour le serpent, ce qui signifie que l'homme est tombé sous la domination de l'ennemi Satan.

De même, la désobéissance d'Adam a provoqué une grande chute. Adam qui était le régisseur de toute la terre était maudit, ce qui signifie que tout ce qui se trouvait sous sa dépendance était maudit aussi, et tous ses descendants étaient maudits à devenir des pécheurs. Ils devinrent tous des héritiers de la damnation, car le salaire du péché c'est la mort. (Romains 3 :23, 6 :23)

De plus, toute l'autorité d'Adam a été transférée à Satan à cause de sa désobéissance. (Luc 4 :6) Le monde devint donc rempli de douleur, de regrets, de maladies, de luttes et de méchanceté.

Comment pouvons-nous être sauvés ?

Notre Père Dieu avait prévu qu'Adam désobéirait. Mais il ne voulait pas que Son enfant devienne un enfant de Satan. C'est pourquoi Dieu a préparé le chemin du salut pour Ses enfants. Le chemin du salut est uniquement au travers de Jésus Christ.

« Parce que Dieu a tant aimé le monde, qu'Il a envoyé son Fils unique Jésus Christ, afin que quiconque croit en Lui ne périsse point, mais qu'il reçoive la vie éternelle. » (Jean 3 :16)

« Ainsi, pour tous ceux qui l'ont reçu, pour ceux qui ont cru en Son nom, Il a donné le pouvoir de devenir des enfants de Dieu. » (Jean 1 :12)

Tous les êtres humains sont destinés à mourir. C'est pourquoi Jésus est venu dans ce monde il y a à peu près 2.000 ans. Il a été crucifié en tant que rançon pour porter tous nos péchés.

Dieu avait ouvert le chemin de la vie éternelle. Si nous croyons en Jésus qui a été crucifié et est ressuscité, nous recevons le pardon et la vie éternelle, en tant qu'enfants de Dieu. Combien ceci est-il merveilleux et digne de reconnaissance ! Dieu nous a donné un tel type d'amour. Alléluia !

Je suis né de nouveau en tant qu'enfant de Dieu en réalisant que j'étais pécheur

Malgré que Dieu nous ait aimé tellement, nous n'avons pas réalisé qu'Il avait créé l'univers pour nous afin que nous le dominions.

« Oh, Père céleste ! Tout le monde dans ma famille était pécheur. Nous ne Te connaissions pas. Nous ne te reconnaissions pas non plus. Tu as envoyé Jésus afin qu'Il meurt à la croix pour nous. Merci de nous avoir pardonné. Tu T'es révélé à nous grâce à ta guérison miraculeuse. Merci pour Ta grâce. »

Mes larmes de gratitude coulaient. Si Dieu ne m'avait pas fait grâce, je vivrais encore une vie douloureuse en tant que pécheur qui ne connaît pas Dieu et est destiné à la mort. De quelle manière abondante, Dieu m'a-t-Il donné Son amour ! Il m'a donné Son amour gratuitement ! Combien Son amour est-il merveilleux et digne de reconnaissance !

Dieu m'a guéri avant que je n'accepte Jésus Christ.

Pourquoi m'a-t-Il donné ce privilège ? C'est parce qu'Il savait que je n'oublierais jamais Sa grâce et que je le quitterais jamais, et parce qu'Il a écouté les prières incessantes de ma sœur aînée pour moi. C'est pour cela que Dieu m'a guéri, en répondant aux prières de ma sœur.

Pour ces raisons, j'ai pris ma décision de revenir à l'amour et à la grâce de Dieu. C'est pourquoi, j'ai participé activement aux cultes d'adoration et j'ai pratiqué ce qu'enseigne la Parole de Dieu, et suis ainsi devenu un homme nouveau de par un grand changement dans ma vie, de la malédiction à la bénédiction.

« Oh, Père ! Dieu d'amour ! Merci de m'avoir guéri et de m'avoir fait connaître le chemin du salut et la vie éternelle. Merci de la bénédiction d'être devenu un enfant de Dieu et de détruire le péché en moi. S'il Te plaît, bénis-moi, que tout soit nouveau pour moi et que je devienne un de Tes véritables enfants ! »

La croix du Seigneur

Je ne pouvais compter le nombre de bénédictions que j'avais reçues de Dieu. Je devais être le détenteur du record mondial dans le Livre Guinness des Records.

Toute ma famille a accepté Jésus en même temps. Ma femme est devenue douce comme un agneau en quatre mois et a bâti notre doux foyer. J'ai été guéri de sept années de maladie, de sorte que je travaillais dur mais avec joie avec ma santé récupérée. Chaque fois que je pensais à toutes ces bénédictions, je donnais gloire à Dieu, qui produit de l'espérance au travers du caractère.

En tant qu'enfant de Dieu

J'ai réalisé que j'étais un pécheur. Je voulais donc vivre comme un véritable enfant de Dieu. Comment puis-je vivre selon la Parole de Dieu ? Vivre selon la Parole de Dieu était mon but et mon devoir. J'avais tellement faim et soif de justice que j'ai essayé d'assister à autant de réunions de réveil que possible. Je voulais apprécier la grâce de Dieu transmise au travers des messages. En lisant la Bible, j'avais le temps de la lire avec attention, parce que chaque mot était important pour rejeter mes mauvaises voies. Si j'échouais à rejeter une mauvaise habitude, ou de réaliser quelque chose que l'écriture me demandait, je jeûnais pour être conduit par Dieu.

Lorsqu'il y avait des phrases que je ne pouvais pas comprendre entièrement, je demandais à mon pasteur. Il m'a conseillé d'acheter un commentaire biblique, mais il ne répondait pas de façon satisfaisante à toutes mes questions. Je voulais vraiment comprendre entièrement la Parole de vérité. C'est pourquoi, je me rendais souvent dans des maisons de prière, où je jeûnais, participais à des veillées et priais avec ferveur pour demander à Dieu.

« Père, je Te prie, donne-moi des réponses claires à mes questions. Je suis désolé que les réponses de mon pasteur n'éclairent pas ma confusion, et les livres de commentaires me donnent trop d'interprétations différentes. Je crois que je puis obtenir les vraies réponses si je suis rempli du Saint Esprit. J'ai même entendu qu'un ange était descendu vers quelqu'un pour lui répondre à ses questions bibliques pendant trois ans. Père, peux-Tu s'il Te plaît, m'aider à comprendre pleinement tes Ecritures ? S'il Te plaît, répond à ma prière à ta manière. »

Un jour, j'étais en train de louer et de prier avec inspiration.

Marchant dans la lumière du soleil tout le voyage ;
Par-dessus les montagnes, par la vallée profonde,
Jésus a dit 'Je ne te délaisserai jamais.'
Une promesse divine qui ne peut faillir.
Lumière céleste, lumière céleste,
Coulant dans mon âme avec la gloire divine :
Alléluia ! Je me réjouis
En chantant Ses louanges, Jésus m'appartient.

Mon désir était de marcher dans la lumière. Je me demandais ce qu'était la lumière et comment je puis marcher en elle. Un message biblique m'est revenu à la mémoire.

« Au commencement était la Parole, et la Parole était avec Dieu, et la Parole était Dieu. Elle était avec Dieu depuis le commencement.

Toutes choses ont été faites par elle, et rien de ce qui a été fait n'a été fait sans elle. En elle était la vie, et la vie était la lumière des hommes. La lumière luit dans les ténèbres et les ténèbres ne l'ont point reçue.

Il y eut un homme, envoyé de Dieu, son nom était Jean. Il vint pour servir de témoin, pour rendre témoignage à la lumière afin que tous croient par lui. Il n'était pas la lumière, mais il parut pour rendre témoignage à la lumière. Cette lumière était la véritable lumière, qui en venant dans le monde, éclaire tout homme.

Elle était dans le monde, et le monde a été fait par elle, et le monde ne l'a point connue. Elle est venue chez les siens, et les siens ne l'ont point reçue. Mais à tous ceux qui l'ont reçue, à ceux qui croient en Son nom, elle a donné le pouvoir de devenir enfants de Dieu – lesquels sont nés non du sang, ni de la volonté de la chair, ni de la volonté de l'homme, mais de Dieu.

Et la Parole a été faite chair, et elle a habité parmi nous, pleine de grâce et de vérité ; et nous avons contemplé Sa gloire, une gloire comme la gloire du Fils unique venu du Père. » (Jean 1 :1-14)

Dieu m'a aidé par révélation à réaliser pourquoi Jésus est venu dans ce monde.

Pourquoi Jésus est-Il venu dans ce monde ?

Selon la loi du monde spirituel, Adam et Eve sont devenus enfants de Satan, parce qu'ils ont commis un péché. Afin de revenir à Dieu en tant que Ses enfants, ils ne devaient pas avoir de péché. Ils avaient donc besoin de quelqu'un pour effacer leurs péchés. Personne dans ce monde ne pouvait faire cela. C'est pourquoi Jésus, de Dieu qu'il était, est venu dans la chair pour être une rançon pour nous.

Jésus n'avait aucun péché parce qu'il était conçu par le Saint Esprit. Il avait la puissance pour vaincre le diable, parce qu'il est le Fils de Dieu. Mais le plus important est qu'Il avait de l'amour et est mort à la croix pour nous. Il est venu dans ce monde, a guéri les malades, pardonné aux pécheurs, restauré dans leur santé ceux qui étaient possédés par des démons et donné la liberté, la paix, la joie et l'amour aux gens.

Satan cependant n'a omis aucun effort pour éventuellement crucifier le juste Jésus. Satan savait que la postérité de la femme allait récupérer l'autorité, qui lui avait été transférée. C'est pourquoi, Satan a fait tout ce qui était possible pour faire crucifier Jésus, le Roi des rois, la postérité de la femme. Lorsqu'il a réussi à exécuter Jésus, il a crié de joie pour sa victoire.

L'amour de Dieu

« Nous prêchons la sagesse de Dieu, mystérieuse et cachée, que Dieu avant les siècles avait prédestinée pour notre gloire, sagesse qu'aucun des chefs de ce siècle n'a connue, car s'ils l'avaient connue, ils n'auraient pas crucifié le Seigneur de gloire. » (1 Corinthiens 2 :7-8)

L'ennemi Satan ne connaissait pas cette sage provision de Dieu, et il laissa donc le peuple tuer Jésus afin d'obtenir la victoire sur Jésus. Mais, tuer le Jésus sans péché était totalement contraire à la loi du monde spirituel.

Jésus n'avait pas le péché originel, parce qu'il avait été conçu du Saint Esprit. Jésus n'a pas commis de péché, parce qu'Il a vécu selon les commandements de Dieu. Cela signifie qu'il ne peut sous aucun motif être mis à mort. L'ennemi Satan a cependant violé la loi spirituelle, en poussant Pilate, le Gouverneur Romain, à crucifier Jésus. A partir de cet instant, Satan a perdu l'autorité de gouverner les gens, et ce uniquement lorsqu'ils croient en Jésus Christ.

Au travers de l'amour de Jésus Christ, qui a été crucifié, ceux qui croient en Jésus deviennent des enfants de Dieu, étant auparavant des enfants de Satan. C'est pourquoi, le salut ne peut être réalisé qu'au travers de Jésus Christ seulement.

Comme Dieu l'a annoncé, Jésus est venu dans ce monde dans la chair. Il a été conçu par le Saint Esprit et né de la vierge Marie. Il a complètement obéi à tous les commandements. Il a démontré le véritable amour, se sacrifiant Lui-même pour être crucifié.

'Père céleste ! Maintenant je comprends clairement que Jésus est venu dans ce monde pour ouvrir le chemin du salut pour nous, afin que nous devenions enfants de Dieu, afin que nous n'appartenions plus au diable. Merci beaucoup pour Ta sagesse, le secret qui a été caché avant le commencement des temps, et pour Ton amour.'

La croix de Jésus

« Père, s'il Te plaît, fais-moi connaître clairement

pourquoi Jésus devait être pendu sur le bois et traverser toutes ces souffrances. »

Jésus nous a racheté de la malédiction de la loi en devenant une malédiction pour nous, car il est écrit « Maudit est quiconque qui est pendu au bois. » Il nous a racheté afin que la bénédiction donnée à Abraham puisse venir sur les Païens au travers de Jésus Christ, afin que, par la foi, nous puissions recevoir la promesse du Saint Esprit. (Galates 3 :13-14)

Je pouvais difficilement croire que Jésus avait été pendu au bois afin de devenir une malédiction pour nous. Il nous a délivré de la malédiction afin que la bénédiction qui avait été donnée à Abraham – la foi, la santé, une longue vie, la prospérité et les enfants – puisse arriver sur nous au travers de Lui. Il nous a rendu justes par la foi et nous a permis de recevoir le Saint Esprit afin de vivre comme des enfants de Dieu.

Lorsque le côté de Jésus fut percé avec une lance sur la croix, du sang et de l'eau ont coulé. Cela prouve avec évidence que Jésus, la Parole, a été faite chair (Jean 1 :14) et est venu dans ce monde. En même temps, cela prouve que si nous, avec la même chair que Jésus, cultivons le cœur de Jésus, nous pouvons être comme Jésus, malgré que nous ayons un corps physique. C'est pourquoi Philippiens 2 :5 dit, « Ayez en vous les sentiments qui étaient en Jésus Christ. »

Jésus a été flagellé et a versé Son sang. Je me suis

demandé, pourquoi Dieu avait permis que tout cela se produise ?

« Mais Il a été percé pour nos transgressions, brisé pour nos iniquités : le châtiment qui nous donne la paix est tombé sur Lui, et c'est par Ses meurtrissures que nous sommes guéris. » (Esaïe 53 :5)

Jésus a porté la couronne d'épines, et il fut ainsi percé. Pourquoi ? Il fut percé pour les transgressions que nous commettons par nos pensées.
Jésus a été cloué par les mains et les pieds. Pourquoi ? Il a été brisé pour les iniquités que nous commettons par nos mains et nos pieds.
Jésus a dit dans Matthieu 5 :30, « Et si ta main droite est pour toi une occasion de chute, coupe-la et jette-la. Il vaut mieux pour toi de perdre une partie de ton corps que d'être jeté tout entier dans le feu de la Géhenne. »
Lorsque Jésus a été crucifié il y a environ 2.000 ans, Il a été puni pour nos péchés. Il nous a racheté de tous les péchés de notre passé, présent et futur. Combien grand est Son amour !

Marchant dans la lumière

« Père, j'ai une question. Tu as dit que dès que nous croyons dans la croix de Jésus Christ, nous recevons la vie éternelle. Alors, comment se fait-il que nous n'ayons pas de vie, à moins que nous ne mangions la chair du Fils de l'homme et buvions Son sang ? »

Accepter Jésus Christ ne signifie pas que nous ne commettons plus de péché. Jésus est le chemin, la vérité et la vie. (Jean 14 :6) Lorsque nous mangeons la chair de Jésus Christ, la Parole de vérité, et buvons Son sang, nous pouvons être débarrassés de nos péchés par la puissance de Dieu qui nous aide à vivre par Sa Parole de vérité. C'est ce que dit la Bible dans 1 Jean 1 :7, « Si nous marchons dans la lumière, le sang de Jésus Christ nous purifie de tout péché. »

Comme Actes 3 :19 dit, « Repentez vous et revenez à Dieu, afin que vos péchés puissent être pardonnés, » nous devons nous repentir de tout notre cœur, et nous ne devons plus commettre de péché. C'est pourquoi Jésus a dit dans Matthieu 7 :21, « Ceux qui me disent Seigneur, Seigneur n'entreront pas tous dans le royaume des cieux, mais seulement celui qui fait la volonté de Mon Père qui est dans les cieux. »

Ma vie a commencé à changer et à se renouveler jour après jour. J'ai continué à lire la Bible avec instance et à écouter les messages. Chaque fois que je découvrais un péché en moi, je priais et le chassais. Plus souvent, je jeûnais et veillais. Dieu a vu mon cœur et mon attitude, et Il m'a aidé à vivre dans la vérité. C'est pourquoi, je passais chaque jour dans la joie, vivant à nouveau ma nouvelle vie.

Mon amour, la croix du Seigneur ;
Croix puissante, débordant de
La grâce et la sagesse de Dieu.

Ma vie, la croix du Seigneur ;
La croix du sang précieux
Qui révèle l'amour et les souffrances de Jésus

Ma joie, la croix du Seigneur ;
La croix du secret
Qui cache mes péchés et mes transgressions.

Le Dieu vivant

« Ceux qui me disent Seigneur, Seigneur n'entreront pas tous dans le royaume des cieux, mais seulement celui qui fait la volonté de Mon Père qui est dans les cieux. » (Matthieu 7 :21)

« Heureux celui qui lit et ceux qui entendent les paroles de la prophétie et qui gardent les choses qui y sont écrites ! Car le temps est proche. » (Apocalypse 1 :3)

Je suis devenu un de ceux qui lisent et entendent la Parole de Dieu et qui prient, disant à Jésus Christ, 'Seigneur, Seigneur !' Graduellement, j'ai pu comprendre la Parole de Dieu plus profondément. J'ai compris pourquoi nous pouvons être sauvés et recevoir l'espérance du royaume des cieux, si nous croyons en Jésus Christ. J'ai ressenti dans mon cœur que l'amour de Christ est incommensurable et plus large que le ciel et plus profond que l'océan.

Je suis devenu quelqu'un qui reçoit Jésus Christ et qui

croit en Son nom. Et ainsi, Dieu m'a donné le pouvoir de devenir Son enfant. Le Dieu vivant ne m'a jamais laissé seul comme un orphelin, mais il m'a maintenu éloigné du péché, parce que j'étais né de Lui. Il m'a aussi conduit et protégé, afin que le mal ne puisse pas m'atteindre.

Dieu m'a sauvé d'un accident

Après que j'aie accepté Jésus Christ comme mon Sauveur, Dieu m'a conduit à recevoir un travail d'ouvrier sur un chantier de construction. Je n'étais pas certain de pouvoir accomplir le travail, parce que je n'avais aucune expérience dans ce domaine. J'ai cependant volontairement commencé à faire ce travail, qui m'a permis de prendre congé le dimanche, jour du Sabbat jusqu'à ce que Dieu ouvre la porte des bénédictions pour moi.

Le travail était beaucoup plus dur que je ne le pensais. C'était impossible pour moi de rattraper les autres, malgré que je travaille sans pause. Heureusement, j'avais de la patience et je travaillais dur. Ma patience était de tenir ferme afin que je puisse éventuellement terminer ma part de travail.

Je n'étais chrétien que depuis deux mois. Personne ne m'avait jamais appris à prier. Ce que je pouvais, c'était réciter le Credo des Apôtres et la Prière du Seigneur.

Un jour j'ai ressenti un désir urgent dans mon cœur. Dès le matin très tôt, je voulais réellement prier à Dieu. C'est pourquoi, je récitais sans cesse jusqu'à ce que j'arrive au site de construction.

C'était le matin. J'étais sur le point de me redresser avec quelques longs tuyaux sur l'épaule. J'ai senti quelque chose qui me touchait le dos et j'ai perdu conscience. Après, j'ai appris que j'étais comme une grenouille, écrasée au sol avec les quatre membres largement écartés. J'avais été heurté par une voiture. Comme je reprenais mes sens, je me suis retrouvé entouré de gens inquiets qui parlaient de moi. Je me suis relevé, secouant la poussière de mes vêtements, comme si rien ne m'était arrivé.

Le chauffeur (de l'Hôtel de Ville de Séoul) qui m'avait heurté le dos semblait pale et effrayé. « Tout va bien ? Je vais te conduire à l'hôpital maintenant. » « Non, non, ce ne sera pas nécessaire. Je vais bien. »

Il savait qu'il m'avait heurté relativement fort. Et il n'a donc pas cru que je n'avais pas été blessé du tout. C'était un miracle pour lui. « Es-tu sûr que tu n'as pas de blessure ? Je ne le crois pas. »

Mes collègues m'avaient enlevé mes vêtements et examinaient tout mon corps, en se demandant pourquoi pas. « Tu ferais mieux d'aller à l'hôpital. Tu ne peux rien dire de ta colonne vertébrale maintenant. Tu devrais faire radiographier ta colonne. Tu pourrais avoir de sévères séquelles. » « Je vais bien, parce que mon Dieu m'a protégé. »

Honnêtement, je ne ressentais aucune douleur. Seule la partie de mon corps qui avait été touchée était légèrement gonflée. Je n'avais pas même un bleu. C'était mystérieux pour moi aussi.

Mon chef plaida avec moi, « Si tu veux, rentre à la

maison et repose-toi. » Mais je suis resté jusqu'à ce que mon travail de la journée soit terminé. Lorsque je suis rentré à la maison, je me sentais un peu mal à l'aise. J'ai été dans l'incapacité de travailler le lendemain. Mais Dieu m'a maintenu complètement bien.

Mes collègues parlaient de possibles séquelles. Ce n'était qu'une angoisse de principe, qui n'est demeurée dans mes pensées que quelques secondes.

Le conducteur qui m'avait heurté a entendu parler de mon absence et est venu me trouver avec de l'inquiétude sur son visage. Il était tellement rassuré de ce que je n'avais aucune blessure. Il me supplia de lui pardonner, essayant de me verser un peu d'argent en compensation. Je lui ai répondu, « Je n'ai besoin d'aucun argent de ta part. »

Il me répondit, 'Merci' à de nombreuses reprises. Plus tard, j'ai trouvé une enveloppe qu'il avait laissée. Elle contenait 2.500 Won (3 $ US). Trois dollars en compensation ! Combien était-il avare !

J'ai bu pour ne pas me sentir fatigué

Je continuais à travailler dans la construction çi et là. Comme je n'avais aucune qualification spécifique dans le domaine de la construction, je devais travailler en tant que travailleur polyvalent, assistant les techniciens. Parfois, je transportais du sable ou du béton dans un seau sur mon dos. Monter les escaliers, sans rampe était si dur que mes jambes tremblaient de faiblesse. Les autres porteurs semblaient courir lorsqu'ils me dépassaient. Je grinçais des dents, essayant de les rattraper. C'était tellement lourd pour moi. Je ne sentais pas l'envie de travailler l'après-midi, parce que j'étais trop étourdi et fatigué. Cependant le courage et l'endurance me caractérisaient. 'Allons, je dois faire cela.'

Je ne pouvais pas abandonner. J'ai pris la décision de travailler aussi durement que je le pouvais. Heureusement, des travaux plus légers – ouvrir des sacs de ciment, examiner le béton avec un bâton – me furent attribués. Je suis heureux de ne pas les avoir quitté. Au travers de ce dur labeur, le Dieu vivant m'a béni en entraînant mon endurance et en l'expérimentant comme le Dieu vivant.

Sa bénédiction n'était pas limitée pour moi. Cet incident s'est produit, alors que je travaillais dans une centrale de distribution d'eau près de l'Hôtel Walker Hill. Mon travail consistait à transporter le béton dans une brouette du camion mixeur à la fondation souterraine du bâtiment. Je devais passer par la route défoncée qui était en construction. Lorsque j'essayais de déverser le béton dans le trou profond, mon corps semblait également tomber dedans, parce que je n'étais pas expert dans ce travail, comparé aux autres. Si je faisais la plus légère erreur, j'aurais pu tomber dans le trou profond avec le béton que j'y versais.

Ce soir là, j'ai entendu la nouvelle que nous allions travailler tard. Soudainement, je me suis senti déprimé et fatigué. Les autres ont bu un peu d'alcool pour retrouver de la force, mais il ne me restait aucune énergie. J'étais même trop fatigué pour faire un seul pas. Mon corps était comme un tas de coton qui avait été imbibé d'eau.

J'hésitais à prendre une décision. J'ai décidé d'en boire un peu pour trouver de la force. J'avais abandonné la boisson depuis que j'avais participé aux réunions de réveil. Je pensais que de boire un peu serait sans problème. Dès que je commençai à boire, je sentis que je retrouvais un peu de force.

Je rentrais du travail à la maison. Dans le bus je ressentis un léger vertige et une sévère migraine. Ce n'était pas du tout supportable. Je suis descendu du bus au milieu du trajet pour prendre un peu d'air frais. Mais cela ne fit aucune différence.

Je réalisai que Dieu ne voulait pas que je boive du tout. Je me suis repenti de ma boisson de tout mon cœur. Il était presque minuit lorsque j'ai repris mon chemin vers la maison, en réfléchissant profondément à ces choses.

'Pendant combien de temps ferai-Je ce dur travail ? Dieu me donnera Sa bénédiction en Son temps. Ne dit-Il pas que béni est celui qui persévère ?'

Je ne boirai plus

Quelques mois plus tard, j'ai bougé vers un site de construction à Wooi-dong où nous avons commencé à bâtir une maison à deux étages. Mon travail était de creuser le sol, me tenant dans un passage étroit. Je devais travailler sans pause à cause de la charge de travail. C'était vraiment très dur. Si je ratais ma prière du matin pour la journée, le travail devenait beaucoup plus dur pour moi.

Mes collègues m'ont suggéré de boire afin de me sentir moins fatigué. Chaque fois qu'ils avaient une pause avec de l'alcool, ils me demandaient de les accompagner. Finalement, j'ai échoué à refuser leur invitation à boire.

C'est arrivé juste après que j'eus bu. Lorsque j'ai frappé le sol avec une pioche, j'ai senti ma pioche heurter quelque chose, comme de la roche solide ou du métal, de sorte qu'elle a sauté et m'a heurté sur le front. Immédiatement, j'ai pu constater que cet accident provenait de ma boisson. J'ai donc commencé à prier Dieu, en tenant mon front qui saignait abondamment.

« Oh Père ! S'il Te plaît, pardonne-moi. Je ne boirai jamais plus. »

A cet instant, mon front cessa de saigner. Mes collègues me dirent d'aller à l'hôpital. Au lieu d'aller à l'hôpital, j'ai fait une courte pause et ai terminé mon travail de la journée. Le Dieu vivant est le Seigneur qui discipline ceux qu'Il aime, et Il punit tous ceux qu'Il accepte comme fils afin des conduire vers la justice. (Hébreux 12 :6)

J'ai rejeté le désir pour la prospérité

Ma femme commença un nouveau travail comme vendeuse de cosmétiques. Elle était en charge d'un bon secteur et faisait assez bien d'argent, nous permettant ainsi d'améliorer nos difficultés financières.

Je voulais glorifier Dieu avec une bénédiction financière.

Mon désir pour la prospérité était cependant trop excessif. J'ai fait un plan de commerce d'ouvrir un bar avec l'argent que ma femme gagnerait, pendant que moi je prendrais soin de notre subsistance avec mes revenus. Nous avons travaillé dur pour notre rêve.

Nous étions positifs, que nous allions faire beaucoup d'argent, si nous pouvions avoir un restaurant qui sert des boissons alcoolisées et de la nourriture, étant donné que ma femme avait une bonne expérience dans la nourriture frite. Le succès du restaurant Japonais à deux étages de ma sœur était encourageant pour nous.

Dieu savait que nous avions un ardent désir pour l'argent, mais Il nous a donné une instruction : Ne te soule pas de vin. C'est alors que je réalisai que notre plan ne Lui serait pas agréable.

Si j'avais un profond désir depuis que j'avais assisté à la réunion de réveil, c'était de donner plus d'offrandes à Dieu. Une nuit, dans mon rêve, une laie donnait naissance à dix petits porcs. Beaucoup de coréens disent que rêver de porcs signifie de la chance. Je voulais donc acheter un billet de loterie.

« Chérie, achetons un billet de loterie, nous avons prié pendant une semaine pour gagner. Nous avons cru que notre ticket pouvait remporter le prix. Il ne gagna cependant aucun prix. Ici, Dieu nous donna une autre instruction que nous étions dans l'erreur.

J'ai arrêté de jouer au Hwatoo (un jeu de cartes coréen)

Je jouais souvent au Hwatoo mes jours de congé. J'étais un assez bon joueur de Hwatoo, parce que je l'avais joué pendant de nombreuses années pendant que j'étais malade. Je n'étais cependant plus un bon joueur. Je ne savais pas pourquoi je continuais à perdre de l'argent. Je continuais à jouer, afin de regagner l'argent que j'avais perdu.

Un jour, je me suis rendu à Boochun City, où j'ai travaillé pendant de nombreuses semaines. Les jours de paie, nous ne pouvions pas nous empêcher de jouer au Hwatoo. C'était le jour où nous recevions le salaire pour quinze jours. Je devais rejoindre le jeu. Cette nuit était ma nuit. J'ai pratiquement gagné toutes les tournées depuis la première. Ma poche fut donc rapidement remplie de billets. Cependant, je ne pouvais pas partir en raison de la courtoisie des joueurs, de sorte que je suis resté pour jouer toute la nuit. Après minuit, ma chance avait tourné. Au contraire, je continuais à perdre, et finalement il n'y avait plus d'argent dans ma poche le lendemain matin.

J'étais honteux. Je ne pouvais pas rentrer à la maison les mains vides. Je priai à Dieu, « Père je voulais gagner beaucoup d'argent afin de pouvoir te donner de grosses offrandes. Mais j'ai perdu tout mon argent. Je Te prie, aide-moi cette fois. »

J'ai emprunté un peu d'argent et je suis retourné au jeu. Mais je ne pus pas regagner l'argent perdu.

Dans mon village, beaucoup de résidents étaient des ouvriers. Ils jouaient souvent au Hwatoo pour le plaisir.

Un jour, les perdants se sont réunis dans ma maison, où

nous avons entamé une autre partie de Hwatoo. De manière inattendue, le Pasteur de mon église vint nous visiter. Je ne voulais pas avoir un culte d'adoration avec le pasteur, parce que je voulais gagner un peu d'argent dans cette partie de Hwatoo, pour compenser mes pertes. J'ai donc dit à ma femme de raconter un mensonge, que je n'étais pas à la maison. Le serviteur de Dieu a écourté sa visite et est parti. Lorsque j'ai entendu leurs chants, j'ai senti un mal au cœur. Ce n'était pas confortable que de se sentir coupable.

'Qu'est-ce qui ne va pas avec moi. J'ai toujours accueilli les serviteurs de Dieu en visite avec joie. Qu'ai-je fait aujourd'hui ? J'avais du regret pour moi-même. Mon cœur faisait mal parce que je ne pouvais pas faire immédiatement ma repentance. Finalement, je fus capable de me repentir de mes péchés avec des larmes. « Oh, Père ! S'il Te plaît, pardonne-moi. Je ne jouerai plus jamais au Hwatoo. Je vais rejeter mon habitude de jouer. »

J'ai jeté mes cartes de Hwatoo, mon désir de jouer au Hwatoo, et mon habitude de mentir. Depuis lors, je n'ai plus jamais joué au Hwatoo, que ce soit pour le plaisir ou non. Au contraire, je me suis discipliné pour vivre selon la Parole de Dieu, en jeûnant et priant.

Je priais à voix haute

Après avoir cessé de jouer, j'ai volontairement essayé d'assister à autant de réunions de réveil que possible. J'ai pu acquérir une foi forte. Je croyais que Dieu allait exaucer les prières que je faisais pendant ces réunions de réveil. Je visitais souvent des maisons de prière pour prier. Mon rêve était de vivre selon la Parole de Dieu, d'être béni par Dieu, de soutenir les pauvres et les malades, et d'évangéliser les gens.

Un jour, en 1975, pendant que je priais à la montagne Chilbo à Suwon, j'ai entendu la voix de Dieu pour la première fois. J'ai choisi ce haut lieu où je pouvais prier à voix haute parce qu'il n'y avait pas beaucoup de monde.
« Lis Luc 22 :44. »
La voix de Dieu était particulièrement claire, puissante et nette. Surpris d'entendre Sa voix mystérieuse, je me précipitai de chercher le passage dans la Bible.

« Etant en agonie, Il priait plus instamment, et Sa sueur devint comme des grumeaux de sang qui coulaient à terre. »
Je me suis demandé pourquoi Dieu m'avait donné ce passage. Au travers de mes prières, je suis arrivé à comprendre la manière la plus adéquate de prier.
En Israël, l'échelle des températures pour une journée est relativement vaste. Malgré que ce soit l'été, la température baisse assez pendant la nuit. Ce devait être pratiquement impossible pour quelqu'un de suer en avril, vers le moment où Jésus a été crucifié. Cependant, Jésus a sué comme des gouttes de sang qui tombaient. J'ai pu m'imaginer avec quelle ferveur Jésus a du prier. S'Il avait prié silencieusement, il n'aurait pas sué ainsi.
Dieu voulait que je prie avec plus de ferveur, dans l'angoisse, comme Jésus l'a fait à Gethsémané. C'est

pourquoi, Il m'a fait entendre Sa voix. Après que ceci eut lieu, j'ai prié de la manière qui était agréable à Dieu. Alors, j'ai pu ressentir que j'étais rempli du Saint Esprit. J'ai pu commencer à vivre par la grâce et le message qui m'avait été donné. A partir de cet instant, Dieu a commencé à répondre plus rapidement à mes prières.

En toutes choses, Dieu travaille pour notre bien

J'avais organisé ma vie, de sorte que je pouvais vivre selon le but de Dieu.

Mon contremaître, qui m'avait aidé à obtenir le dur travail, a dû partir pour Chunho-dong, parce que la maison qu'il avait bâtie illégalement a été détruite. Le gouvernement a aussi détruit la maison que je louais. Ils ne nous ont cependant, payé aucune compensation. Pire encore, mon propriétaire refusa de nous rembourser la garantie locative en prétextant qu'il avait perdu son bâtiment (la maison que je louais) dans le nettoyage gouvernemental. J'étais désolé que notre propriétaire chrétien n'ait pas observé notre contrat de location à cause de sa perte. Je me demandais pourquoi Dieu lui a permis de me décevoir. J'ai donc dû emprunter de l'argent pour louer une maison sur une base mensuelle.

Alors, Dieu me donna un nouveau travail.

Notre nouvelle maison de location avait un espace suffisant pour un magasin. Nous avons ouvert un magasin, louant des magazines, des livres et des bandes dessinées.

Après quelques mois d'opération, nous avons démanagé vers un magasin situé dans une rue adjacente. Nous n'avons cependant pu faire aucun bénéfice, parce que nous devions en permanence acheter de nouveaux livres et payer la location. Lorsque nous avons vu que nous ne gagnions pas d'argent, nous avons vendu notre magasin.

Ma femme et moi nous avions déjà abandonné notre passion pour l'argent. Nous décidâmes de prier à Dieu qui devait nous bénir bientôt. Nous avons prié avec ferveur jusque tard dans la nuit pendant une semaine entière.
« Père, Je Te prie, bénis-nous afin de Te glorifier. S'il Te plaît, donne-nous un magasin avec lequel nous pourrons gagner beaucoup d'argent. »

Nous n'avions pas d'argent, mais nous avions beaucoup de foi. Une semaine plus tard Dieu répondit à nos prières. Un de mes amis me dit qu'il y avait un magasin à louer, sous le Mont Dolsan à Gumho-dong. Nous pensions que c'était la bénédiction de Dieu pour nous. Je suis donc parti immédiatement et j'ai signé le contrat à 800.000 Won (670 $ US). J'avais encore besoin de beaucoup d'argent pour payer le solde. Lorsque j'ai demandé à un diacre de me prêter un peu d'argent, il répondit froidement 'non'. Son refus m'a fait réaliser que ce n'était peut être pas la bénédiction de Dieu pour nous. J'ai donc rencontré à nouveau le propriétaire du magasin afin qu'il nous rembourse l'argent du contrat. Après avoir écouté mon explication, il m'a de manière inattendue, volontairement proposé de me prêter le solde de l'argent.

Combien merveilleux sont la volonté et l'amour de Dieu ! Je n'aurais pas dû aller auprès du diacre de notre église pour emprunter l'argent. Dieu avait déjà organisé toutes choses au travers d'un païen.

Nous avions assez d'expérience pour bien organiser le magasin. Nous arrivions même à avoir le désir de gérer un autre magasin plus grand ailleurs.

Un jour, un homme m'a demandé d'acheter notre magasin, que je n'avais jamais mis en vente. Croyant en Dieu qui nous conduit en tout, je lui ai vendu mon magasin et j'ai examiné le quartier afin de trouver un meilleur magasin à louer. Le propriétaire du magasin le plus attrayant, situé juste devant l'école, refusa de me le céder, parce que mon magasin avait fait baisser le profit de son commerce. J'ai donc loué un magasin situé dans l'allée arrière de Gumho-dong.

En toutes choses, Dieu travaille pour le meilleur. Il savait qu'un nouveau grand magasin de livres allait s'installer rapidement à côté du magasin que je considérais comme étant le meilleur.

Mon nouveau magasin avait beaucoup de clients. Certains venaient du magasin que le propriétaire avait refusé de me vendre. Graduellement, les clients commencèrent à remplir mon magasin jusque tard le soir. Certains d'entre eux devaient lire debout. Parfois je devais me tenir en dehors du magasin afin de laisser la place à mes clients. Nous fermions le magasin tous les dimanches, et nous ne permettions à aucun client étudiant de boire ou de fumer dans le magasin. La bénédiction de Dieu était cependant merveilleuse. Nos clients et le bénéfice du magasin ne faisaient que croître. Nous avons pu payer pratiquement toutes nos dettes. Et nous travaillions également dur pour l'église autant que possible. Notre cœur désirait toujours glorifier Dieu au travers de bénédictions financières.

Ma femme et moi travaillions dur pendant la journée et nous priions avec ferveur le soir. Nous pouvions rêver que tout se réaliserait sûrement.

Mon serviteur que j'avais choisi avant le commencement des temps

Lorsque je priais au mois de mai, j'ai entendu clairement la voix de Dieu.
« Mon serviteur que J'ai choisi avant le commencement des temps ! Je t'ai raffiné pendant trois ans. Maintenant, prépare- toi pour la Parole dans les trois années à venir. Tu m'as aimé plus que tes parents, tes frères, tes sœurs, ta femme et tes enfants. Quitte ton travail actuel maintenant et vas ton chemin. Laisse ta femme gérer le magasin.
Sa voix était claire et forte, mais aussi douce et chaude. Il a continué à me parler.
« Mes pensées ne sont pas les mêmes que celles des hommes. Ta femme gagnera plus d'argent que ta femme et toi avez gagné ensemble. Ta famille prêtera à beaucoup mais n'empruntera à personne. Une bonne mesure secouée,

pressée et qui déborde, sera versée dans ton sein.

Fais comme je te le dis. Alors ton container de riz ne se videra jamais et ta caisse sera toujours pleine.

Après que tu te seras armé de la Parole de Dieu pendant trois ans, tu iras au-delà des rivières et des océans et tu feras des signes et des prodiges. »

J'étais choqué de savoir que Dieu m'avait appelé comme Son serviteur. Je n'avais jamais planifié d'en être un. J'ai clairement compris que c'était l'appel de Dieu sur ma vie pour devenir Son serviteur. Mais ma pensée n'était pas prête pour cela.

'J'ai prié tant de fois pour devenir un ancien et ainsi glorifier Dieu... mais pas comme un serviteur de Dieu. Comment puis-je être Son serviteur ? Je suis relativement vieux et ma mémoire est faible. Comment puis- je étudier la théologie à l'école ? »

Je me demandais pourquoi Dieu m'avait dit cela. Je voulais obéir comme Dieu l'avait dit. Mais je ne savais pas comment obéir. Je me sentais totalement perdu.

Si tu peux ?

Mon cœur avait mal à cause du conflit. Je désirais obéir à Dieu, mais je ne le pouvais pas. J'étais tellement désolé de ne pas pouvoir obéir à Dieu. Deux cloches faisaient écho dans ma tête, se combattant l'une l'autre. 'L'obéissance vaut mieux que les sacrifices.' 'Comment oserais-je devenir un serviteur de Dieu ?'

Je ne pouvais pas continuer à travailler dans mon magasin. J'ai emballé mes affaires et je suis parti vers une montagne de prière pour trouver la paix du cœur.

« Père, deviendrai-je un pasteur ? Si c'est sûrement Ta volonté, s'il Te plaît, laisse-moi entendre à nouveau Ta voix. Alors, je t'obéirai avec confiance. »

J'ai jeûné et prié avec ferveur, mais je n'ai pas entendu Sa voix. Je me suis senti fatigué comme je descendais de la montagne. J'étais comme un homme mort.

J'ai visité encore quelques montagnes de prière, mais Dieu ne me donnait toujours pas de réponse claire. Mon cœur faisait de plus en plus mal, tandis que le temps passait. Un mois, deux mois, trois mois... j'étais vraiment anxieux d'entendre la réponse de Dieu.

Ma recherche a cessé

« Oh Père ! Je vais obéir à ce que Tu as dit, si c'est Ta volonté. Je deviendrai un de Tes serviteurs, si je le dois. Je puis le faire, si Tu me le dis encore une fois. »

C'était un samedi soir lorsque j'ai terminé mes sept jours de veillée de prière. J'étais dans un tel dilemme je ne croyais pas être capable de faire la prière d'ouverture au culte d'adoration du lendemain, à moins que je n'entende à nouveau la voix de Dieu. Je pleurais à Dieu de tout mon cœur. Alors, Dieu me dit : fais la prière d'ouverture. Le Saint Esprit me donna une réalisation claire : « Que veux-tu dire avec, 'Si tu peux ?' Tout est possible à celui qui croit. Obéir est meilleur que le sacrifice. Je regarde au cœur de l'homme et non pas à son apparence. »

Combien j'étais joyeux ! Je me sentais comme si je possédais tout dans le monde. C'était comme planer dans les airs, se sentir sans poids. C'était au-delà de toute description pour moi que de dire combien j'étais ravi.

Le Saint Esprit me donna une réalisation claire.

« Dieu t'a délivré de la misère et de la douleur. Il t'a complètement guéri et t'a conduit à aimer le Seigneur seulement. Il t'a donné une foi pour croire, la capacité de prier et la force de vivre selon la Parole de Dieu. Il t'a aidé à avoir un doux foyer, t'a béni financièrement et a pourvu à tout ce dont tu avais besoin.

Dieu t'a appelé à devenir Son serviteur, parce qu'Il savait que tu pourrais le faire. Dieu t'a considéré suffisamment juste que pour être Son serviteur, parce que tu aimes Dieu plus que quiconque ou quoi que ce soit. Dieu veut que tu vives exclusivement selon Sa Parole et que tu Lui donnes gloire. Ton cœur est tellement agréable à Dieu qu'il t'a appelé à devenir Son serviteur. »

Ma joie a duré jusqu'au Sabbat. J'étais rempli de l'esprit du 'je puis le faire'. Je décidai de me consacrer à devenir un serviteur de Dieu.

Mes trois mois de questions étaient terminés. C'était début septembre en 1978. Ma femme a quitté son travail de vente et a géré notre magasin afin de suivre les instructions de Dieu. Son revenu a augmenté en quelques semaines jusqu'à 600.000 Won (500 $ US) par mois.

Sa librairie a gagné une bonne réputation de sorte que certains patrons de magasin sont venus voir quelles aptitudes particulières de vente ma femme possédait. Aucune de leurs curiosités n'a obtenu de réponse, parce que ma femme gérait son magasin avec des bases de politique qui semblaient négatives.

1. Elle sélectionnait les clients – pas d'étudiants irrespectueux autorisés.

2. Elle fermait le magasin chaque dimanche

Ils ne pouvaient pas comprendre pourquoi ma femme avait tant de clients. Ils ne pouvaient pas non plus comprendre Dieu qui avait tout créé au départ de rien. Il a béni ma femme, qui honorait chaque Sabbat, vivait dans la vérité, répandait l'évangile et louait Dieu pendant qu'elle gérait le magasin.

Dieu a béni ma femme de sorte qu'elle gagnait plus d'argent que nous ne le faisions tous les deux auparavant. Il nous a béni abondamment, parce que notre obéissance Lui était agréable.

Tu as réussi 100% sur la Bible

J'ai loué une chambre séparée pour moi-même pendant que je préparais l'examen d'école théologique. Le Révérend Younghoon Yi, de l'église Sungdong où j'avais servi comme diacre m'avait recommandé d'aller à l'Ecole Théologique de Sungkyul (Sanctification). J'ai commencé à étudier pour l'examen d'entrée et j'ai obtenu 100% au test biblique, parce que je voulais devenir un serviteur de Dieu. Pour aider mon désir, j'ai jeûné à plusieurs reprises pendant 10 et puis 21 jours.

« Cher Père, s'il Te plait accepte mon jeûne et donne-moi la capacité de mémoriser tout ce que j'ai appris. S'il Te plaît, aide-moi à comprendre clairement ce que je lis dans la Bible et à mémoriser tout ce que je lis. Au nom du Seigneur, qui a ressuscité les morts, j'ai prié. »

Depuis le premier jour, je me suis agenouillé et j'ai commencé à lire la Bible très attentivement. Pendant que je lisais la Bible qui a été écrite par l'inspiration du Saint Esprit, je me sentais aussi inspiré.

Finalement, le jour du test est arrivé. J'avais uniquement étudié la Bible. Je n'ai pas essayé de répondre aux questions sur d'autres sujets. Mes feuilles de réponse étaient blanches, sauf pour la Bible où j'ai obtenu 100%.

Le lendemain, nous devions passer une interview. Le président de l'institut théologique m'a demandé, « Pourquoi as-tu remis tes feuilles de réponses blanches, sauf celle sur la Bible ? Attends un instant, tu as obtenu 100% sur la Bible ! »

L'école était peu enthousiaste de traiter mon admission, mais Dieu m'a permis d'entrer.

Après que je sois entré à l'école de théologie, j'ai souvent prié et jeûné en veillant. Mes jours de jeûne étaient plus nombreux que mes jours normaux, et je célébrais rarement mes anniversaires ou mes congés.

Ceci s'est passé pendant ma première année.

J'étais au milieu du programme de veillée de prière que j'avais promis au Seigneur de respecter. J'ai vu une annonce pour l'examen semestriel final. Je me sentais mal, parce que, malgré que je me sente à l'aise avec la Bible, je ne pouvais rien me rappeler en Anglais ni en Grec. De plus, j'avais promis à Dieu que je veillerais et prierais pendant de plus nombreuses nuits. J'ai donc supplié Dieu pour Son aide. Je n'avais pas d'autre choix que de prier. « Père, j'ai promis de prier la nuit avant que je ne connaisse la date de l'examen. S'il Te plaît, aide-moi à faire les deux correctement. Je crois que tu m'aideras à prier et à passer l'examen correctement. »

Lorsque j'ai prié pendant une heure, Dieu m'a donné les questions du test. J'ai étudié ces questions pendant une heure et j'ai achevé le programme quotidien de veillée de prière.

Le lendemain, il y avait l'examen. Lorsque j'ai ouvert le papier du test, j'étais surpris. Toutes les questions étaient identiques à celles que Dieu m'avait montrées. Combien surprenantes sont son aide et sa direction ! Je donnai toute reconnaissance et gloire à Dieu.

J'ai reçu une révélation divine de la fin

Je terminais 21 jours de veillées de prière la dernière semaine de juin 1979. Il était 4 heures du matin. J'étais sur le point de terminer ma prière en remerciant Dieu, lorsque Dieu me donna une révélation divine concernant la fin.

« Mon cher serviteur, demeure éveillé et reste prudent. La fin est proche. »

J'avais prié pour ma correcte compréhension des écritures :
« Le jour du Seigneur viendra comme un voleur. » (2 Pierre 3 :10)
« Vous, frères, vous n'êtes pas dans les ténèbres, de sorte que le jour peut vous surprendre comme un voleur. » (1 Thessaloniciens 5 :4)

Lorsque j'ai prié concernant le passage de l'écriture de Amos 3 :7, « Certainement, le Dieu Souverain ne fait rien sans auparavant révéler Son plan à Ses serviteurs les prophètes, » Dieu m'a dit qu'au travers de la Bible, Il annonce aux croyants la seconde venue du Seigneur. Il m'a dit que le jour était proche et que je devais me garder alerte pour lui. (Matthieu 24 :42-44) Il m'a aussi parlé au sujet des signes de la fin.

Malgré le fait que seul Dieu sache quand la fin viendra, nous pouvons reconnaître par les prophéties données dans la Bible que le jour est proche. C'est pourquoi, nous devons toujours rester éveillés. Sinon, ce jour va tomber sur nous comme un voleur. Alors nous pourrions perdre l'opportunité d'être sauvés.

Le cas de Noé est un bon exemple. Les gens étaient tolérants pour manger, boire et se marier jusqu'à ce que Noé soit entré dans l'arche pour échapper aux eaux du déluge, et alors, ils périrent tous. Puisqu'ils n'étaient pas éveillés, le jour de la destruction est tombé sur eux comme un voleur.

De même, les croyants fidèles se prépareront pour le jour qui viendra bientôt. Ce jour viendra cependant, comme un voleur sur les incroyants ou sur les soi-disant croyants qui sont associés avec le monde, parce qu'ils ne réalisent pas que le jour est proche. Ils ne peuvent pas recevoir le salut.

Un jour, un de mes collègues de classe m'a parlé de son rêve. « J'ai eu un rêve étrange. Dans mon rêve, tu m'as dit, 'Nous ne saurons pas quand le Seigneur reviendra. C'est pourquoi, demeure éveillé, parce que le jour est proche.' »

Au travers de ce rêve, Dieu a confirmé la révélation qu'Il m'avait donnée auparavant.

Après, j'ai vérifié à nouveau les écritures partant de la révélation que Dieu m'a donnée. Chaque affirmation que Dieu m'avait donnée était confirmée par les écritures. J'étais rempli de joie.

Au mois d'août de ma première année de théologie, j'ai participé au camp d'été à l'Ecole de la Ferme de Canaan, où mon pasteur préféré était avec nous. J'avais respecté les pasteurs parce que je servais Jésus. Ils m'avaient cependant déçus.

Un jour, nous étions en train de discuter l'adultère en nous basant sur Matthieu 5 :27-28, « Ne commettez pas l'adultère. Quiconque regarde une femme avec convoitise a déjà commis l'adultère avec elle dans son cœur. » Leurs discussions surchauffées conduisaient généralement à une conclusion sophistiquée – si vous n'avez qu'une pensée de convoitise dans votre intelligence, vous ne commettez pas le péché d'adultère. J'étais choqué de les entendre, parce que j'ai réussi à me débarrasser de l'adultère dans ma pensée au travers de trois années de prière.

J'ai profondément remercié Dieu pour mon combat victorieux de mes jours passés.

« Père, merci beaucoup ! Si j'avais entendu que l'adultère dans nos pensées ne pouvait pas être vaincu, je l'aurais gardé jusqu'au jour de ma mort. Mais tu m'as conduit à vivre selon la Parole, combattant le péché d'adultère pendant de nombreuses années. »

Ma décision de m'appuyer sur la Parole de Dieu uniquement et de la suivre était devenue intense et concrète.

Certains des étudiants du séminaire ont ouvert des églises avant l'obtention de diplômes. Je le voulais aussi. Afin de réaliser mon rêve, j'ai offert à Dieu 21 jours de jeûne pendant les vacances d'été. Je ne me sentais pas à l'aise pour ouvrir une église, parce que j'avais toujours des questions concernant les versets bibliques que je n'avais pas encore entièrement compris. Aucun professeur, ni aucun commentaire biblique ne pouvaient répondre à mes questions. Personne ne me donnait de réponse satisfaisante.

Depuis que, en tant que nouveau chrétien, j'avais assisté aux réunions de réveil en novembre 1974, j'avais prié chaque fois que j'avais du temps libre.

« Cher Père, je veux que Tu m'expliques Toi-même la Bible. Je sais que Tu peux m'aider avec des anges. S'il Te plaît, travaille en moi à Ta manière, afin que je puisse comprendre tous les 66 livres de la Bible. »

Mes 40 jours de jeûne

Pendant les vacances d'été de 1981, Dieu a travaillé en moi pour accomplir 40 jours de jeûne avec prière. J'étais persuadé que ce n'était pas moi qui avais préparé ce programme de jeûne, mais que c'était Dieu. Comme je priais pour la préparation de mon jeûne, Dieu m'a dit, « Mon cher serviteur ! Ne lis pas d'autre livre si ce n'est la Bible et un livre de chants. »

J'étais sur le point de préparer quelques livres qui pouvaient m'armer de la Parole. J'ai écarté les autres livres et je suis parti pour la montagne de prière d'Osanri pour jeûner et prier. Comme je commençais le jeûne, j'ai cru que Dieu allait m'aider à le supporter et à l'achever sans aucun problème. J'ai prié pour devenir un serviteur qui était agréable à Dieu en tant que puissant pasteur, que je devienne armé de la Parole, et capable d'ouvrir une église.

Dieu ne m'aida pas avant que je n'arrive au 40ème jour. Je ne pouvais pas bien dormir, et j'avais souvent des crampes dans mes jambes et mes bras. Lorsque j'ai atteint les 30 jours, je ressentais souvent des vertiges. Parfois du sang venait quand je vomissais. Je ne pouvais pas boire de l'eau à cause d'une sévère douleur dans ma gorge.

Lorsque je m'approchais du 40ème jour, ma douleur semblait la plus dure. Dix minutes me semblaient une heure. Malgré que j'aie très froid, des douleurs et la tête qui tourne et que je me sente faible et fatigué, Dieu m'a aidé à conserver mon programme quotidien, deux heures de prière à haute voix.

Finalement, à 11 heures du soir, le 40ème jour, toutes mes douleurs disparurent. C'était miraculeux. Dieu m'a conduit vers la victoire pendant que je luttais contre la tentation de Satan, qui avait essayé de m'arrêter dès le septième jour.

Toute ma famille a chanté et dansé ensemble. Nous avons tenu un culte de louange pour rendre reconnaissance et gloire à Dieu. Il m'avait protégé de ses yeux enflammés jusqu'au dernier jour de mon jeûne et m'a donné la force de terminer les 40 jours. Combien cela est merveilleux ! Des larmes coulaient de mon visage tandis que je remerciais Dieu.

« Que toute gloire te revienne, Dieu ! »

Après cette période de jeûne, Dieu a ouvert le chemin pour moi, afin de comprendre entièrement les 66 livres de la Bible.

Commençant une église

« Me voici ! Je suis à la porte et Je frappe. Si quelqu'un entend ma voix et ouvre la porte, Je viendrai et je mangerai avec lui et lui avec Moi ? » (Apocalypse 3 :20)

Le Dieu qui m'avait fait expérimenter des miracles, m'a

appelé et est venu en moi, et Il a commencé à me transformer en un homme de Dieu.

En avril 1974, Dieu m'a béni avec la connaissance de ce qu'Il est vivant. Depuis lors, j'ai rejoint l'église et j'ai reçu Sa grâce et Son amour. Au début, je ne savais pas comment prier, parce que personne ne me l'avait appris.

En novembre 1974, j'ai assisté à une réunion de réveil, où je fus rempli du Saint Esprit pendant que j'écoutais la prédication et le témoignage, louant et priant Dieu. Au travers de ma repentance, j'ai réalisé que j'étais un pécheur. J'ai aussi réalisé que l'amour de Dieu et la grâce du Seigneur qui avait été crucifié, étaient incommensurables. Chaque message était aussi doux que le miel pour moi, et j'étais béni d'être capable de prier avec fidélité et de recevoir la réponse de Dieu à toutes mes prières.

Après avoir assisté au réveil et réalisé que j'étais pécheur, j'ai essayé de prier autant que possible. Dieu m'a conduit à vivre selon Sa parole. Il m'a réconforté et m'a discipliné. Il m'a donné la compréhension de sorte que je change et que je vive comme un de Ses enfants.

Dieu m'a fait rejeter tous mes besoins de pécher, la convoitise de mes yeux et l'orgueil de ma vie du monde. Il m'a changé en une personne qui aime Dieu, aime ses voisins comme lui-même, et sert Dieu de tout son cœur. Tout comme prospérait mon âme, tout allait bien avec moi, et j'étais en excellente santé. Je suis devenu un bon chrétien, donnant gloire à Dieu, donnant des témoignages et partageant l'évangile.

Depuis le jour où ma femme m'avait quitté le 10 juillet

1974, Dieu m'a discipliné pendant trois ans pour me débarrasser de ma nature pécheresse. Par conséquent, je suis devenu un homme de Dieu, me réjouissant toujours, reconnaissant à Dieu en toutes choses et priant avec ferveur.

Avant le 9 juillet 1977, ma famille n'achetait que le plus petit sac de riz afin que nous puissions rembourser toutes nos dettes, sans omettre de donner des offrandes régulières à Dieu.

Malgré que nous n'ayons pas de nourriture pour le jour suivant, nous servions toute la nourriture que nous avions à des serviteurs de Dieu ou à des visiteurs qui venaient rendre visite à ma famille. Alors, Dieu n'a jamais failli à travailler pour ma famille. Il a envoyé quelqu'un avec de la nourriture le jour suivant, afin que personne de ma famille ne puisse sauter aucun repas.

Depuis le 9 juillet 1977, lorsque ma femme et moi avons ouvert un magasin pour la troisième fois, Dieu a béni ma famille si abondamment que nous pouvions le glorifier en soutenant financièrement les gens dans le besoin et en rendant des services volontaires à l'église.

En tant que serviteur de Dieu

En mai 1978, Dieu m'a appelé en tant que Son serviteur et m'a dit de me préparer pour la Parole. Depuis ce moment, j'ai vécu ma vie, jeûnant, priant en veillant et gardant les commandements comme le dit la Bible de manière à devenir armé de Sa Parole.

Dieu m'a armé d'une prière puissante, de révélations et de guérisons miraculeuses, de sorte que j'allais devenir Son serviteur qui conduirait les gens vers le salut.

Pendant que j'étais un étudiant au séminaire, Dieu m'a aidé à m'armer de Sa Parole et la prière pendant les vacances. Il a aussi travaillé en moi pendant que j'étais à la maison pour conseiller de nombreux types de visiteurs sur différents sujets.

Dieu m'a donné l'entraînement spirituel au travers de la miraculeuse puissance du Saint Esprit qui est apparue au travers de moi. J'ai acquis une expérience valable pendant que j'étais un diacre. J'ai visité de nombreuses églises et j'ai prié pour ceux qui étaient troublés ou malades.

Depuis mai 1981, j'ai concentré ma prière, principalement pour l'ouverture d'une église. Et j'ai appris au sujet du travail du ministère, pour les élèves du primaire, du cycle d'orientation et des écoles secondaires, les jeunes adultes, les étudiants des instituts supérieurs et les adultes mariés. J'ai aussi appris concernant les affaires courantes d'une église, comment diriger une église et une chorale et comment organiser une faculté. Pour une expérience plus pratique, je suis allé vers une autre église que j'aimais, me suis porté volontaire pour les aider, et j'y ai prêché à de nombreuses reprises.

La dernière semaine de février 1982 terminait l'accomplissement des trois années pendant lesquelles Dieu m'avait demandé d'étudier et d'être armé de la Parole. Pendant cette semaine, qui était la dernière semaine avant que je ne commence ma dernière année d'école, Dieu m'a demandé de conduire une campagne de réveil pour la première fois de ma vie, à l'église Ilman de Masan City. C'était une grande opportunité pour moi de tenir une réunion de réveil, qui rendait encore plus fort mon désir de commencer une église. Mes prières pour commencer une église devinrent encore plus fortes et profondes.

En mai 1982, une à une, Dieu commença à répondre à mes prières pour commencer une église. Un jour, un nouveau membre de l'église que ma femme avait conduit vers l'église deux semaines auparavant, m'a rendu visite sans prévenir.

« Serviteur de Dieu, quelqu'un m'a appelé trois fois la nuit passée et m'a réveillé. La lumière était tellement forte et belle que je ne pouvais pas garder mes yeux ouverts pour voir Dieu qui m'était apparu. Il m'a dit, 'Je t'ai choisi, et je ferai de toi Mon témoin pour témoigner au monde de Moi'. Je ne comprends pas ce que cela signifie. »

Elle ne connaissait rien des écritures, Genèse ou Matthieu. Si elle savait quelque chose, c'étaient les noms de Dieu et de Jésus. Sa maladie d'estomac avait été guérie alors que je n'avais prié qu'une seule fois pour elle.

Elle vint me voir quelques jours plus tard.

« Serviteur de Dieu, j'ai vu une autre scène étrange dans mon rêve. Tu secouais ta main droite pour m'appeler. Tu m'as demandé de tenir ta main, et tu m'as conduit vers un entrepôt avec un toit rouge. Il y avait un tas de sacs remplis d'or dans l'entrepôt. Je t'ai demandé, 'Qu'y a-t-il dans l'or ?' Tu m'as répondu, 'Il y a du sel dedans.' Tu m'as donné deux lingots d'or et tu as dit 'Garde les jusqu'à ce que tu puisses les utiliser de manière significative.' Tu m'as ramenée vers l'endroit où tu m'as appelée en secouant la main. Tu as regardé dans les quatre directions et tu m'as dit 'Nous devons marcher ensemble en Dieu jusqu'à ce que notre Seigneur revienne, traversant les champs, gravissant les montagnes et traversant les rivières pour répandre l'évangile de Dieu.' »

J'ai cru que Dieu avait un plan spécial pour elle. C'est pourquoi, j'ai souvent prié pour elle, et je l'ai guidée par la Parole de vérité.

En avril 1982, ma femme était en train de cultiver ses qualifications pour devenir la femme d'un serviteur de Dieu. En tant qu'une dirigeante de section, elle augmenta le nombre de ses membres de 4 à 28 en cinq mois. Sa prière devenait plus puissante et elle prenait soin des membres de sa section avec amour. Elle conduisait des réunions, partageait le pain d'amour, se réunissait étroitement avec les autres et partageait l'évangile avec beaucoup de gens.

Dieu me faisait tenir quatre réunions de prière et m'a envoyé les travailleurs indispensables pour l'église que je devais commencer. Lui, qui a tout créé au départ de rien, ne voulait pas que je commence l'église de ma propre volonté humaine. Malgré que j'aie quelques membres de ma famille chrétiens – ma sœur aînée (diaconesse), ma seconde sœur (servante de Dieu), une belle sœur (la femme du frère de ma femme) et la sœur de ma femme, Dieu ne voulait pas que je m'appuis sur ma famille ou mes connaissances, mais Il m'a envoyé, au temps opportun, les ouvriers qu'Il avait préparés.

Dieu a aussi pris soin de tous nos besoins financiers. Notre librairie ne nous produisait plus de bénéfice. Nous avons commencé à perdre de l'argent, y compris l'argent de la garantie, parce que nous ne pouvions pas payer le loyer mensuel. Avec foi, je demandai de l'aide à Dieu. Combien merveilleux ! Dieu avait déjà préparé la diaconesse Aeja Ahn avec l'argent nécessaire.

Une autre bénédiction est que Dieu nous a donné une prophétesse. C'était la réponse de Dieu à ma prière de sept ans. J'avais prié pour que Dieu me révèle chaque verset de tous les 66 livres de la Bible.

De plus, Dieu a montré des signes miraculeux au travers de moi.

Comme je l'ai mentionné plus haut, Dieu a fourni tout ce dont j'avais besoin et m'a demandé de commencer l'église un jour de grande chaleur. Il n'a pas omis de me dire que je devrais faire un test avant de commencer l'église.

J'étais sur le point de recevoir la réponse à sept ans de prières pour commencer une église. Bien sûr, Satan commença à m'attaquer, me déchirant comme un lion, essayant de me réduire en pièces.

Le test avant de commencer l'église

C'était au milieu de juin, la dernière année de l'institut supérieur où j'étudiais la théologie.

Le pasteur qui était en charge de ma classe a demandé à un de mes collègues de classe s'il y avait quelque chose de théologiquement mauvais avec un des étudiants. Il a répondu au pasteur que certains des étudiants, y compris moi semblaient avoir des problèmes. Cette analyse incorrecte, a commencé à produire des rumeurs concernant une déclaration prophétique pendant une réunion au mont Samgak.

Les rumeurs étaient : une femme a imposé les mains à un serviteur de Dieu. Le serviteur de Dieu a demandé à la femme de lui imposer les mains. Le serviteur de Dieu se nommait 'Le Christ'

Ces rumeurs ont causé une épreuve pour moi avant de commencer une église.

Aucune femme n'avait imposé les mains sur un serviteur de Dieu à cette réunion. Aucun serviteur n'avait demandé à la femme de lui imposer les mains. Et je n'ai jamais dit 'Je suis le Christ'. Mais les rumeurs ont produit d'autres rumeurs. La rumeur finale était que j'étais hérétique. Mon école a convoqué une réunion pour discuter de mon expulsion. Je ne savais pas ce qui se passait, jusqu'à ce que le révérend K. qui me faisait confiance ne m'ait informé.

Certains des membres de mon église répandaient une rumeur similaire – Evitez le Serviteur de Dieu Jaerock Lee. Il est hérétique.

J'étais en ordre dans mon cœur, parce que j'étais prêt à endurer n'importe quel test pour commencer une église. Je tremblais cependant d'entendre que mon école essayait de m'expulser.

Le jour suivant avait lieu l'examen final, suivi par mes vacances d'été. Je n'allais pas à l'école, mais au contraire, j'allais à l'église avec certains témoins pour leur raconter la vraie histoire. Ils n'ont cependant pas essayé d'écouter mon explication.

À la cérémonie de fin de semestre, les étudiants qui avaient essayé de me défendre ont reçu un avertissement de l'administration.

L'administration a dit à mon sujet, 'Il est possédé par un démon' 'Sa puissance vient du diable' et 'Il est hérétique'. J'ai seulement prié avec foi, parce que je me rappelais de la prophétie qui avait été prononcée sur moi : « Ne t'inquiète pas, Rends grâce pour toutes choses et prie. Les troupes de Satan vont ployer. Ne les hais pas mais aime les toujours. »

Le temps était venu et Dieu m'a donné une bénédiction en récompense pour mon endurance. Il a tout fait travailler pour le bien afin que je n'aie aucun problème pour commencer une église.

Comme cela avait été prophétisé, j'ai jeûné pendant trois jours et puis je suis sorti pour trouver un emplacement où je pourrais commencer l'église. Le bâtiment que j'avais trouvé n'avait aucune autre église à proximité et avait une bonne visibilité tout autour. J'ai attendu le propriétaire pendant une heure pour signer le contrat. J'ai prié à Dieu.

« Père, j'ai attendu la propriétaire du bâtiment pendant

une heure, s'il n'arrive pas dans cinq minutes, je pars et je considère que ce n'est pas ce que tu me demandes de faire. »

Quelle surprise ! La propriétaire apparut la minute suivante ! Cela m'a semblé miraculeux.

Elle a dit, « J'étais venue vous dire que je ne voulais pas vous le louer, mais dès que j'ai vu votre visage, j'ai changé d'avis, et je ne sais pas pourquoi ? »

Malgré que Satan ait voulu interférer avec la propriétaire et le contrat, j'ai gagné. Cette expérience m'a à nouveau enseigné que la volonté de Dieu n'échoue jamais.

Comme Dieu me l'avait dit auparavant, « Tu commenceras l'église un jour où il fait très chaud, » J'ai tenu le premier culte d'adoration à Shindaebang-dong, Dongjak-gu le 25 juillet 1982. Les participants étaient 13 membres (9 adultes + 4 enfants).

Ma profonde impression du premier culte

J'ai été appelé 'hérétique' et pratiquement chassé de l'institut théologique. J'étais donc profondément impressionné par le culte de départ. Je criais continuellement 'Alléluia !' En pleurant de reconnaissance.

Après que nous ayons commencé l'église, les membres ont commencé à prier avec ferveur pour les sujets urgents. Les cinq membres de notre chorale priaient d'une voix forte pendant cinq ou six heures chaque jour. Dieu a dit dans Jérémie 33 : 3 « Invoque-moi , et je te répondrai, je t'annoncerai de grandes choses, des choses cachées que tu ne connais pas. »

Comme Dieu l'a dit, il nous a envoyé de nouvelles personnes, a pourvu à une chaire, un piano, un téléphone et d'autres choses dont nous avions besoin.

Depuis que nous avons commencé l'église, nous n'avons jamais omis de tenir la veillée de vendredi avec des prières et de la louange. Comme nous nous sommes réjouis avec reconnaissance et prières selon Sa volonté, Dieu a montré des milliers de miracles, a résolu nos problèmes physiques et spirituels, nous a béni avec la possibilité de le rencontrer, et nous a envoyé de nombreux ouvriers et gens.

De nombreux membres ont été guéris de leur estomac, cancers, infections lymphatiques, maladies cardiaques et maladies malignes de l'estomac, et ils ont travaillé avec dévotion pour l'église.

Nos membres ont vécu selon la Parole de Dieu et Lui ont donné la gloire, en conservant saint le Sabbat. Dieu a été satisfait de nous de sorte qu'Il nous a envoyé de nouveaux membres chaque semaine jusqu'à présent, à l'exception d'une seule semaine.

Toutes ces réalisations ont démontré la puissance de Dieu, qui a tout créé au départ de rien, et qui nous a guidé et a travaillé avec nous.

Le canal

« Dans une grande maison, il n'y a pas seulement des vases d'or et d'argent, mais il y en a aussi de bois et de terre ; les uns sont des vases d'honneur et les autres sont d'usage vil. Si donc quelqu'un se conserve pur, en s'abstenant de ces choses, il sera un vase d'honneur, sanctifié, utile à son maître, propre à toute bonne œuvre. » (2 Timothée 2 :20-21)

Devenant un grand vase

Il avait fallu trois ans à mon rêve pour se réaliser.

Depuis que ma sœur aînée avait promis de me donner un terrain pour un bâtiment d'église, j'ai essayé des méthodes pour ouvrir une église. J'ai soumis les papiers pour la construction du bâtiment, mais je n'ai pas pu obtenir le permis. J'ai essayé d'emprunter l'argent nécessaire pour louer une chambre dans un bâtiment, mais je n'ai pas pu emprunter de l'argent non plus.

Du côté des membres, je n'avais aucun problème pour commencer une église. Plus de dix personnes, y compris mes sœurs aînées et leurs enfants étaient prêts à nous rejoindre. Je ne pensais pas qu'il y avait un problème à commencer une église si je recevais de l'aide des membres de ma famille et de mes connaissances. Ce n'était cependant pas la volonté de Dieu.

Dieu a dit dans Proverbes 16 :9 « Le cœur de l'homme médite sa voie, Mais c'est l'Eternel qui guide ses pas. » J'ai planifié mon chemin par moi-même, mais je n'ai pas laissé Dieu déterminer mes pas. Malgré que j'aie dit verbalement que je remettais toutes choses entre les mains de Dieu, mes pensées ont dirigé mes pas avant que Dieu ne le fasse. Mais cela n'a pas duré longtemps et j'ai à nouveau tout remis à Dieu, et en retour, Dieu m'a conduit et a travaillé. Dieu nous a alors apporté un résultat miraculeux par Sa puissance.

J'ai prié longtemps pour le nom de l'église. Dieu ne m'a pas répondu avant que je ne devienne un vase qui était suffisamment éligible pour être béni. Finalement, Il m'a donné le nom de l'église 'Manmin' (toute la création) « Allez dans le monde entier et prêchez la bonne nouvelle à toute la création. » (Marc 16 :15)

Lorsque Dieu m'a appelé comme Son serviteur, Il m'a dit qu'Il allait montrer des signes miraculeux et des prodiges, voyageant au-delà des montagnes, des rivières et des océans. Maintenant, il me donne une autre tâche, « Commence une église de la manière dont Dieu a tout créé au départ de rien, et sois un grand canal qui est capable de prêcher la bonne nouvelle à toute la création. »

Comme Dieu le voulait, notre église a commencé uniquement avec les gens et l'argent que Dieu avait préparés. Je n'ai reçu aucune aide de mes frères, sœurs ou amis. Je réalisai à nouveau dans mon cœur que Dieu est tout puissant. Je l'ai grandement remercié pour Ses œuvres miraculeuses.

L'ennemi Satan et le diable ont essayé de nous empêcher de commencer une église, mais Dieu nous a donné la victoire finale.

Afin d'accomplir Son royaume, Dieu a préparé divers vases, non seulement d'or ou d'argent, mais aussi de bois et d'argile ; certains pour un usage noble et d'autres pour un usage vil. Si un homme se purifie, il sera un instrument d'usage noble, rendu sanctifié, utile pour le Maître, et préparé pour accomplir toute bonne œuvre.

Je me suis demandé quel genre de vase j'étais et comment je pouvais être utile en tant que vase à Dieu.

Un vase propre

Jusqu'au jour où Dieu m'a fait commencer l'église, Dieu m'a aidé à devenir un vase pur. Dieu m'a aidé à ne plus commettre de péchés, mais à rester sanctifié. J'ai observé les dix commandements de sorte que je portais les neuf fruits du Saint Esprit.

D'autre part, Dieu m'a donné du temps pour me raffiner au travers des souffrances. La prophétesse que Dieu m'avait envoyée, m'a apporté une très lourde épreuve inattendue. J'avais de nombreuses connaissances dans le ministère qui avaient expérimenté les oeuvres miraculeuses de Dieu et avaient prié ensemble avec moi. L'un d'entre eux a porté un faux témoignage. Cet incident a forcé les administrateurs de mon école théologique à me qualifier d'hérétique. Malgré que j'aie pratiquement été chassé de l'école, j'ai uniquement suivi ce que Dieu me disait dans la Bible.

« Ne vous inquiétez de rien, mais en toutes choses, faites connaître vos besoins à Dieu, par des prières et des supplications avec des actions de grâce, et la paix de Dieu, qui surpasse toute intelligence gardera vos cœurs et vos pensées en Jésus Christ. » (Philippiens 4 :6-7)

Il y a dans ce monde, différentes sortes de gens. Certains essayent de vendre leur pays, mais d'autres sont assez loyaux que pour donner leur vie. Chacun a son propre vase. J'ai cru en Dieu qui devait m'aider. C'est pourquoi j'ai continué à prier jusqu'au bout. Et le bien a finalement vaincu le mal. La vérité a vaincu les diables.

Dieu m'a regardé passer la dernière épreuve, vaincre le péché, et vivre une vie pure. Lui-même a finalement déterminé que j'étais qualifié pour commencer une église.

Certains de mes jeunes pasteurs ont parlé de ce temps là. « Nous tremblions dans nos souliers, mais tu ne te souciais pas de la tournure des évènements. Tu as seulement continué à prier avec assurance. Tu n'as jamais haï aucun d'entre eux. Ta foi est plus que grande. »

Ma femme a aussi parlé de ce temps là. « Tu sais, j'étais pratiquement folle pendant les derniers mois qui ont précédé le démarrage de l'église. Je ne savais plus quoi faire dans notre combat contre ces gens mauvais. Cependant, tu étais différent de nous, Révérend. »

Dieu a forcé Satan à admettre que j'étais un canal propre, et j'étais donc capable de commencer une église. Et alors Dieu nous a montré qu'Il est tout puissant. Après avoir surmonté les épreuves, Dieu nous a donné de telles grandes bénédictions que nous ne pouvions même plus les compter.

Dieu qui répond à nos prières comme un feu

Après que nous ayons commencé l'église, Dieu m'a fait clairement comprendre Sa providence comme un feu dévorant, pendant que je priais. Depuis ce moment, les membres de mon église et moi ont commencé à prier pour la mission mondiale.

Comme Jésus a appelé 12 disciples pour accomplir la volonté de Dieu, Dieu envoyé de bons ouvriers dans notre église en temps voulu, pour accomplir la volonté de Dieu et Sa providence.

Un jour, Dieu nous a montré la vision du Grand Sanctuaire que nous devions bâtir. Dieu a montré à 17 membres et à moi les caractéristiques du Grand Sanctuaire en détails. Nous avons vu le toit, 96 piliers de marbre et l'intérieur du sanctuaire. L'estrade était située au centre de l'intérieur, et la chaire tournait lentement. Dieu m'a montré mes images prêchant à un nombre incalculable de personnes qui recevaient la grâce et accomplissant des miracles. En montrant ces scènes, Dieu nous encourageait à prier avec foi pour la mission mondiale.

Dieu m'a béni pour devenir un grand canal dans lequel beaucoup de serviteurs et de membres pouvaient venir et se reposer. Lorsque j'ai été appelé en tant que Serviteur de Dieu, j'étais perdu, ne sachant quoi faire, et je me suis posé des questions pendant trois mois. Mais Dieu m'a formé pour devenir un pasteur qui rêve de la mission mondiale, priant avec foi et avec les œuvres. Combien Dieu m'a changé de manière merveilleuse !

A nouveau, Dieu m'a béni pour devenir un puissant

dirigeant de sorte que de nombreuses personnes sont venues et se sont reposées sur moi.

Malgré que je sois un nouveau chrétien, si je priais pour des gens malades, ils étaient miraculeusement guéris.

J'ai eu l'opportunité d'écouter un témoignage.

« Mon fils s'est brûlé avec de l'eau terriblement bouillante. Sa brûlure était tellement grave qu'aucun traitement médical ne pourrait le guérir pendant longtemps.

Un jour, je me suis rappelé le Roi Asa comme cela est décrit dans le chapitre 16 de 2 Chroniques. Il est mort parce que dans sa maladie il n'a pas cherché l'aide du Seigneur, mais uniquement des médecins. J'ai décidé de chercher de l'aide de Dieu et j'ai prié et jeûné. Dieu a totalement guéri mon fils ! Alléluia ! »

J'avais eu ma propre expérience de guérison. Je croyais le témoignage de ces parents. J'ai ainsi prié Dieu pour tous mes besoins. J'étais sûr que la prière apportait une solution. Lorsque mes filles sont tombées malades, j'ai prié pour elles et elles furent guéries. Leur fièvre disparut instantanément. Ces expériences de guérison m'ont joyeusement encouragé. Pendant de nombreux jours, j'ai jeûné et prié au sujet de ma puissance de guérison. Depuis lors, chaque fois que je priais pour un malade, il était guéri. C'était réellement étonnant.

Après avoir été appelé serviteur de Dieu, le sujet de ma prière était d'ouvrir une église, d'être armé de la Parole de Dieu, de recevoir la puissance et les dons, d'être armé de prières et d'être sanctifié. Dieu a répondu à mes prières avant que je n'ouvre l'église. Il ne m'a pas seulement donné les neuf dons spirituels, mais aussi le don d'amour, de lire les pensées et la vision. Dieu m'a donné la puissance pour guérir toutes espèces de maladies, y compris les maladies incurables, la stérilité et la possession démoniaque. Dieu a révélé Sa puissance de guérison au travers de moi et m'a béni pour connaître les lois du monde spirituel.

Immédiatement après avoir ouvert l'église, Dieu m'a envoyé toutes sortes de gens malades – paralytiques, cancer, arthrite, maladie cardiaque, inflammation lymphatique, tuberculose, maladies d'estomac et les aveugles. Dieu les a tous guéri.

Dieu peut guérir toute espèce de maladie ! Parce qu'Il est tout puissant !

Dieu m'a aussi envoyé les gens qui étaient pauvres en esprit, qui se méprenaient sur la Parole, qui étaient dans les tourments à cause de leur désobéissance, qui étaient ballottés de gauche et de droite par manque de force spirituelle. Dieu m'a revêtu de la puissance de guérison afin que je puisse complètement prendre soin d'eux.

Dieu qui remplit les vases tels qu'ils sont

Dieu m'a béni pour autant que je cultivais mon vase selon Sa volonté. Ma congrégation à son début comptait neuf membres, mais elle avait grandi à plus de cent le 10 octobre, lorsque nous avons tenu le culte d'inauguration officiel. Et elle grandit rapidement, année après année pour devenir l'une des plus grandes églises dans le monde.

Pourquoi Dieu m'a-t-Il béni et a-t-Il augmenté les membres de mon église de manière aussi dramatique ? Je crois que Dieu a fait de moi un grand vase pour Le glorifier parce que j'ai mené une vie de sanctification et que j'ai toujours obéi à Sa volonté.

J'avais eu un grand rêve de prêcher l'évangile à beaucoup de gens. Je voulais amener de nombreuses personnes vers le salut de manière à plaire à Dieu qui me complimenterait. J'ai prié longtemps pour ce rêve.

En réalisant que quiconque veut devenir un vase propre et grand, doit avoir une sagesse adéquate, j'ai fait de mon mieux pour faire cela.

« Lequel d'entre vous est sage et intelligent ? Qu'il montre ses œuvres par une bonne conduite avec la douceur de la sagesse. » Jacques 3 :13

« Mais la sagesse d'en haut est premièrement pure, ensuite pacifique, modérée, conciliante, pleine de miséricorde et de bons fruits, exempte de duplicité, d'hypocrisie. Le fruit de la justice est semé dans la paix par ceux qui recherchent la paix. » (Jacques 3 :17-18)

J'ai montré mes bonnes œuvres selon la sagesse que Dieu m'a donnée.

J'ai souvent donné une aide financière à d'autres églises qui se développaient, j'ai donné des offrandes pour la construction d'écoles de théologie, et soutenu les serviteurs de Dieu avec un logement, une aide pour le minerval afin qu'ils puissent se dévouer uniquement à l'église.

Nous avons offert le déjeuner à toute la congrégation chaque dimanche, afin qu'ils aient une gracieuse communion et qu'ils gardent le Sabbat sans rien faire d'autre toute la journée. Notre condition financière ne nous le permettait pas, mais je ne me suis jamais soucié de rien. Je n'ai fait que Lui obéir, comme Il le disait « Donne et tu seras rempli à nouveau. Ceux qui sèment peu, moissonneront peu également, mais ceux qui sèment beaucoup, moissonneront beaucoup. »

J'ai concentré toute mon attention sur la prière, communiquant avec Dieu et recevant des révélations de Dieu de manière à conduire un grand nombre de gens vers le salut et de glorifier Dieu.

Dieu m'a donné une pleine compréhension des passages difficiles des 66 livres de la Bible. J'ai décidé de me consacrer à partager la bonne nouvelle à toutes les extrémités de la terre, et j'ai mis mon cœur et mon âme à cultiver les membres, transformant la paille en grain, et les incroyants en croyants, jusqu'au jour où notre Seigneur reviendra.

5
DIEU M'A ACCOMPAGNE

Le béni

« Heureux l'homme qui ne marche pas selon le conseil des méchants, qui ne s'arrête pas sur la voie des pécheurs, et qui ne s'assied pas en compagnie des moqueurs, mais qui trouve son plaisir dans la loi de l'Eternel, et qui la médite jour et nuit. Il est comme un arbre planté au bord d'un cours d'eau, qui donne son fruit en sa saison, et dont le feuillage ne se flétrit point : tout ce qu'il fait lui réussit. » (Psaume 1 :1-3)

Les vrais bénis

Il est naturel que chaque personne qui vit dans ce monde désire être béni. Beaucoup de parents coréens appellent leur enfant nouveau né 'Boknam' (garçon béni) ou 'Boksoon' (Fille bénie).

Pendant que j'étais malade, j'ai même rendu visite à un

célèbre créateur de noms pour choisir un meilleur nom. J'ai dû rester là-bas dans une longue file jusqu'à ce que soit mon tour de voir cet homme de renommée, Bongsoo Kim. Il a examiné mon visage et le visage de ma femme avec nos noms et il nous a dit, « Lee, Jaerock est destiné à mourir jeune, et Lee, Boknim vivra une vie rude comme une femme de ménage. Je n'ai jamais encore vu de tels mauvais noms auparavant. »

Il nous a donné de nouveaux noms, 'Sung-ook' pour moi, et 'Jeeyon' pour ma femme. Que s'est il passé ensuite ? Mes maladies ne m'ont pas quitté et ma femme a continué à mener une vie rude.

Lorsque ma femme est née, on l'a appelée 'Boknim' ce qui signifie 'Elle est bénie'. Plus tard, comme le créateur de noms lui avait conseillé, elle a changé son nom en 'Jeeyon', parce qu'elle a entendu que son nom original était interprété 'pour devenir une femme de ménage'. Mais rien de ce qui ressemble à une bénédiction ne lui est arrivé.

Avec quelle ferveur nous sommes nous dévoués pour recevoir des bénédictions ? Même notre dévotion constante semblait misérable. 'Comment puis-je devenir en bonne santé ?' 'Comment puis-je gagner beaucoup d'argent et sortir de la pauvreté ?' 'Comment faire en sorte que nos pauvres filles soient protégées ?' Nous avions toujours des pensées de bénédictions.

Les gens disent qu'être béni signifie vivre une vie longue, riche et pacifique avec beaucoup d'enfants. Ils disent que la richesse est la bénédiction clé. C'est pourquoi, ils pensent qu'ils vivront une bonne vie s'ils sont riches et en bonne santé. Mais qu'en est-il s'ils meurent ? Rien n'a de valeur pour eux. Leur chance n'est nécessaire que pour leur temps de vie, pour 70 à 80 ans. Et ensuite, leur chance disparaît. Ce ne peut pas être une véritable bénédiction.

Qu'est-ce qu'une véritable bénédiction ? Quel type de bénédiction dure à toujours malgré notre mort ? La Bible, dans laquelle l'histoire de l'humanité, leurs vies, leurs morts, leur chance et leur malchance sont écrites, a décrit une véritable bénédiction.

« Je ferai de toi une grande nation, et je te bénirai ; Je rendrai ton nom grand et tu seras une source de bénédictions. » (Genèse 12 :2)

L'homme béni est ici Abraham. ; Il a cru en Dieu le Créateur qui régit toutes choses. Il a obéi au commandement de Dieu, et ses voies étaient sans blâme.

Abraham a vécu jusqu'à l'âge vénérable de 175 ans. Il n'avait pas d'enfant, mais Dieu l'a béni plus tard en ayant beaucoup d'enfants qui ont grandi dans l'obéissance. Il avait aussi de nombreux serviteurs, des troupeaux et des biens. Il était béni en toutes choses. Et Abraham, plus que tous les autres reçut la vie éternelle en tant que père de la foi après sa mort.

La plus grande bénédiction mentionnée dans la Bible est la spirituelle qui est donnée à ceux qui croient en Dieu et Lui obéissent, vivant selon la Parole de Dieu, qui vont au ciel où il n'y a plus de larmes, de douleur ni de regrets.

La seconde meilleure bénédiction est celle qui est nécessaire pour la vie terrestre, tout comme prospérer en toutes choses, une bonne santé, une longue vie, des enfants, l'honneur et la prospérité.

Etre vraiment béni signifie recevoir ces deux types de bénédictions.

Il y a un tas de gens qui avaient l'air d'être béni. Autour de nous, nous pouvons voir que les bénédictions du monde ne durent pas longtemps. Certaines personnes qui avaient l'habitude d'avoir beaucoup de voitures et de maisons, ont dépensé leur argent comme de l'eau, et soudainement, ils deviennent pauvres ou affamés. Certains d'entre eux meurent jeunes, laissant une grande fortune. Certains d'entre eux perdent subitement leur femme ou leurs enfants. Nous ne pouvons pas dire qu'ils sont bénis.

Au contraire, la bénédiction céleste n'est pas temporaire mais permanente. Au plus les jours passent, au plus les bénédictions arrivent. C'est cela la vraie bénédiction. J'en suis un témoin.

Les bénédictions que j'ai reçues

Dieu m'a béni dans la mesure où mon vase a changé. Ici, je veux décrire dans quelle mesure et combien merveilleusement Dieu m'a béni.

J'ai vécu longtemps, ne sachant pas que Dieu existait et qu'il y avait la vie éternelle après la mort. Je pensais que la mort était la fin de la vie. Je n'avais donc pas d'espérance qu'il y avait quelque chose de spécial à propos de la vie.

Un jour, je suis arrivé à expérimenter que Dieu est vivant. Lorsque j'ai rencontré Dieu, j'ai cru que Lui et Son royaume existaient. Je me suis alors repenti de mon ignorance et de ma folie. J'ai reconnu que j'étais un pécheur et j'ai décidé de vivre selon la Parole de Dieu. J'étais tellement heureux de réaliser que j'avais reçu la bénédiction la plus significative, le salut. Depuis lors, mes lèvres ont toujours chanté des louanges, prié et remercié Dieu pour toutes choses.

Deuxièmement, après que j'aie rencontré Dieu, mon corps brisé et tordu de maladie a été entièrement guéri. Dieu m'a donné un corps sain et un doux foyer avec de bons enfants. De plus, Il m'a appelé à être Son serviteur qui prêcherait l'évangile, servirait l'église, le corps de Jésus Christ, guiderait les gens vers le salut et travaillerait ensemble avec Lui en tant qu'homme de Dieu.

Troisièmement, j'ai été béni d'être toujours avec Dieu. Dieu ne m'a jamais laissé seul, parce que je Lui avais été agréable. Combien merveilleuse est sa bénédiction ! Accompagner le président de votre pays doit être très honorable. Alors combien honorable cela doit-il être d'être accompagné par le Dieu tout puissant ? C'est extrêmement honorable et valable.

Les parents accompagnent leurs enfants, les nourrissent lorsqu'ils ont faim, les habillent, les arrangent quand ils dorment, pourvoient aux choses dont ils ont besoin, et les protègent du danger.

De plus, Dieu m'a accompagné, pourvoyant pour moi aux choses dont j'avais besoin et me couvrant de l'autorité et de la puissance afin que je puisse travailler pour Son royaume et Sa justice.

Les possédés de démons tremblent en me regardant. Dieu a fait en sorte que toutes mes paroles s'accomplissent, de sorte que ma congrégation m'a fait confiance et m'a obéi. Chaque fois que j'ai prié pour les membres de mon église, Dieu m'a montré sa puissance miraculeuse.

La quatrième bénédiction que Dieu m'a donnée est que j'ai reçu tout ce que je lui ai demandé.

Tout ce que j'ai demandé

Cela faisait environ six mois que nous avions commencé l'église. En ce temps là, le sanctuaire était au deuxième étage, et ma maison et mon bureau étaient au sous-sol.

C'était un jour avant le grand congé de 'Sullal' (Nouvel an lunaire), vers 6 heures du matin, alors que nous finissions la veillée de vendredi. Un sérieux remue-ménage eut lieu. C'était un empoisonnement à l'oxyde de carbonne. Mes trois jeunes filles et un jeune membre adulte qui étaient trop fatigués pour assister à la veillée du vendredi, dormaient dans ma maison au sous-sol. Lorsqu'on les trouva, ils semblaient morts. Ils étaient tombés inconscients et leurs corps étaient froids et raides.

Les membres de mon église s'agitaient çà et là, ne sachant pas quoi faire. Je leur ai demandé d'amener ces gens empoisonnés par le gaz dans l'église. Je suis monté à l'autel et j'ai prié.

« Père, je te remercie. Que tu prennes mes trois filles maintenant ou non, je Te remercie. Si j'ai fait quelque chose de mal, fais-le moi savoir et pardonne-moi. Père, ici j'ai un jeune homme. Il est membre de ma congrégation. S'il Te plaît, sauve ce jeune homme afin que nous ne puissions pas disgracier ton nom. »

Je suis descendu de l'autel, j'ai imposé les mains au jeune homme et j'ai prié. « Au nom de Jésus Christ de Nazareth, j'ordonne ! Toi oxyde de carbone, sors ! Sors de lui ! Je te l'ordonne ! Sors de ce corps ! Père, je Te prie, ramène-le à la vie et laisse moi glorifier Ton nom. »

J'ai ensuite prié sur chacune de mes trois filles une à une. Pendant que je priais pour mes filles, le jeune homme s'est levé et se demandait ce qui s'était passé. Mes trois filles se sont aussi levées en ligne. Alléluia !

En voyant ce miracle, la foi des membres de mon église a grandi plus forte qu'auparavant et ils ont rendu gloire à Dieu qui rend les choses impossibles possibles pour ceux qui croient en Lui. Depuis lors, il y a eu beaucoup de gens qui ont été empoisonnés par le gaz, mais sont revenus à la vie au travers de mes prières.

Voici un autre miracle.

Nos élèves de l'école secondaire et nos jeunes membres adultes étaient prêts à partir pour le camp d'été qui était planifié pour la première fois depuis l'ouverture de notre église. C'était tôt le matin. Il avait fortement plu pendant la nuit. La pluie est devenue plus forte avec du tonnerre et des éclairs. Les élèves et les jeunes membres adultes, qui avaient apporté leurs bagages à l'église la nuit précédente, semblaient tellement déçus.

J'ai demandé à Dieu. « Père, nous partons pour le camp d'été aujourd'hui. Je sais que tu contrôles le temps. Pourrais-tu, je Te prie arrêter ce tonnerre, ces éclairs et cette pluie afin que mes élèves et mes jeunes membres adultes puissent avoir un grand camp d'été cette fois ? »

Nous avons prié à haute voix ensemble et nous avons demandé à Dieu avec foi. Que s'est-il passé ensuite ? Dieu a répondu à nos prières et il a arrêté cette forte pluie.

La destination de notre camp était l'île de Daeboo-do près d'Inchéon. Il n'y avait qu'un seul service de ferry par jour. Nous devions quitter l'église à 5 heures du matin. La pluie avait cependant continué jusqu'à 4h55. J'ai cru que Dieu ferait quelque chose pour nous. C'est pourquoi je leur ai demandé.

« Mes chers jeunes membres, croyez vous que si nous prions à haute voix pendant trois minutes, Dieu va arrêter le tonnerre, les éclairs et la forte pluie ? »

Tous répondirent, 'Amen !'

Après trois minutes de prière je leur ai dit de partir. Et nous sommes tous descendus. Au moment même où nous avons fait nos premiers pas sur le sol, la pluie cessa. C'était incroyable ! Il y a seulement une seconde, il y avait le tonnerre, les éclairs et la forte pluie. Qui peut croire que cela s'est effectivement produit ?

Notre Dieu tout puissant a changé le temps pour nous. Quelles autres choses ne ferait-Il pas pour nous ? Il nous a donné tout ce que nous demandions.

« Si vous demeurez en Moi et que Ma Parole demeure en vous, demandez ce que vous voulez et cela vous sera accordé. » (Jean 15 :7)

Les bénédictions ne sont pas uniquement données à moi, mais aussi à ceux qui croient en Dieu, vivant une vie de sanctification selon la Parole de Dieu.

Nous pouvons nous poser cette question. Ces gens qui ont crié 'Seigneur, Seigneur !' Ont-ils reçu leurs bénédictions ? Tous ceux qui s'appellent chrétiens ont-ils reçu leurs bénédictions ?

J'espère que chacun d'entre vous puisse vivre par la Parole de Dieu afin que toutes choses prospèrent comme prospère l'état de votre âme. J'espère aussi que vous soyez en bonne santé et que vous viviez ensemble avec Dieu, qui peut répondre à toutes vos prières.

La voix du Seigneur

« Toutes choses m'ont été données par Mon Père, et personne ne connaît qui est le Fils, si ce n'est le Père, ni qui est le Père, si ce n'est le Fils et celui à qui le Fils veut le révéler. Et se tournant vers Ses disciples, Il leur dit en particulier : Heureux les yeux qui voient ce que vous voyez ! Car je vous dit que beaucoup de prophètes et de rois ont désiré voir ce que vous voyez et ne l'ont pas vu, entendre ce que vous entendez, et ne l'ont pas entendu. » (Luc 10 :22-24).

Récemment, beaucoup de professeurs et de parents disent qu'il est difficile de gérer les adolescents. La plupart des adolescents qui créent le trouble viennent de maisons sans amour où il n'y a pas de communication entre les parents et leurs enfants. Par manque de communication, ces enfants ne peuvent pas ressentir l'amour parental et ne peuvent donc pas suivre la direction de leurs parents. Ils sont finalement aptes à aller de l'avant vers les pièges de la vie.

Si nous menons nos vies en étant accompagnés par Dieu, nous pouvons avoir un profond amour et une communication avec Lui, entendre Sa voix, clairement connaître et obéir à Sa volonté, de sorte que nous puissions glorifier Dieu en accomplissant de nombreuses tâches pour lesquelles Dieu nous récompensera.

En tant qu'enfants de Dieu, si nous ne pouvons pas communiquer avec Lui, combien serons-nous désespérés et dépressifs ? La vie sera comme si nous vivions avec un père sourd - muet.

Dieu nous laisse entendre Sa voix pendant ces temps de communication avec nous. La voix de Dieu peut être entendue de diverses manières. Basé sur mes expériences, laissez-moi vous expliquer à propos des diverses manières dont vous pouvez entendre Dieu.

La voix du Saint Esprit

Avant d'accepter Jésus comme votre Sauveur, vous vivez selon vos propres principes. Si vous avez une bonne conscience, vous ne ferez pas de choses mauvaises. Cependant, si vous devenez infectés par les choses mauvaises que vous voyez ou auxquelles vous pensez, vous vivrez une vie vicieuse parce que votre conscience deviendra plus mauvaise.

Disons qu'il y a quelque chose à côté de vous à votre droite que vous aimez beaucoup. Cela ne vous appartient pas, mais vous pouvez le voler.

Ici, votre bonne conscience vous dira, « Prendre quelque chose sans permission est du vol. tu ne peux pas faire cela. » Vous ne le volerez donc pas, parce que vous avez entendu la voix de votre bonne conscience. A l'inverse, la mauvaise conscience dira, « Allons, Personne ne sait, tout le monde vole dans une telle situation. Prends-le, ce n'est pas un problème. » Si vous écoutez la voix du malin, vous allez voler. Chacun agit différemment selon la voix qu'il ou elle entend.

Si vous êtes habitués à écouter la bonne conscience, vous croirez en Jésus Christ, irez à l'église, et entendrez la voix de Dieu. La voix de Dieu ne change jamais, quelle que soit la situation, parce qu'elle est la vérité.

Si vous ouvrez votre cœur et que vous acceptez Jésus Christ comme votre Sauveur, vous recevrez le Saint Esprit comme un don. Et la vérité qui est venue à vous au travers de la pensée, va faire revivre votre esprit. Ce phénomène spirituel vient après que vous ayez reçu le Saint Esprit.

Le Saint Esprit vous enseigne qui est le Seigneur, quelle est la vérité et qu'est-ce que le péché. Donc, si vous, selon la Parole de Dieu, rejetez la nature pécheresse, votre esprit devient capable d'entendre la voix du Saint Esprit. Et alors, lorsque vous rejetez tous vos péchés, et que vous devenez saints, vous entendrez très clairement la voix du Saint Esprit.

Il y a trois manières par lesquelles le Saint Esprit vous parle.

La première est la voix qui vous fait réaliser la vérité. Malgré que vous ayez décidé de ne haïr personne, si vous voyez quelqu'un que vous n'aimez pas, la haine surgit dans votre cœur. A ce moment, le Saint Esprit vous donne la révélation au travers de la Parole, « Si quelqu'un dit qu'il aime Dieu, mais qu'il haïsse son frère, il est un menteur. Car personne qui n'aime pas son frère qu'il voit ne peut dire qu'il aime Dieu qu'il ne voit pas. » (1 Jean 4 :20)

Si vous entendez ce type de voix qui réconforte votre âme, de sorte que vous essayer d'aimer et même de prier pour cette personne que vous n'aimez pas, votre haine va inconsciemment se transformer en amour.

La seconde est la voix qui vous rend inconfortable afin de vous faire connaître la volonté de Dieu. S'il vous arrive de raconter occasionnellement un mensonge à l'un de vos amis, le Saint Esprit vous fera vous sentir inconfortable afin que vous preniez conscience que vous commettez un péché.

De la même manière, le Saint Esprit vous rend mal à l'aise lorsque vous violez la Parole.

Il y a une voix similaire qui peut vous faire sentir mal à l'aise malgré que vous ne violiez pas la Parole de Dieu.

Parfois, Dieu qui est tout puissant va vous faire accomplir quelque chose de force. Alors vous allez ressentir un brusque désir de prier, d'aller à la maison ou de faire quelque chose d'inhabituel. C'est parce que Dieu vous protège du danger et qu'il vous conduit à prospérer en toutes choses. Si vous vous sentez mal à l'aise pendant que vous attendez le bus, c'est parce que le Saint esprit est en train de vous parler de ne pas prendre ce bus.

Ceci m'est arrivé une fois alors que j'étais diacre.

Je devais me rendre au second culte à cause de la réunion des membres ordinaires. Je ne savais pas ce qui n'allait pas, mais je me suis senti mal à l'aise toute la matinée ? Soudain, je ressentais l'urgence d'assister au premier culte et puis d'aller visiter mon beau-frère. J'ai obéi à cette voix. Lorsque j'ai été visiter mon beau-frère qui avait été malade pendant longtemps, il se trouvait en présence de la mort. J'ai continuellement prié pour lui et j'ai chanté des louanges à côté de lui. Je l'ai aidé jusqu'à ce qu'il ait l'assurance du salut. Dieu m'a envoyé pour le sauver, juste une âme de plus.

Ceci est la voix du Saint Esprit qui vous parle au travers de messages.

Dans la Bible, Dieu dit, 'fais' ou 'ne fais pas'. Dieu vous donne la paix lorsque vous faites ce qu'Il vous dit de faire.

La voix du Saint Esprit que la plupart des chrétiens entendent est très douce. Si vous n'ignorez pas la voix qui vient dans votre cœur, mais que vous lui obéissez, vous allez devenir très spirituels et serez capables d'entendre la voix très clairement.

La voix de Dieu Lui-même

Il y a plusieurs cas dans la Bible où Dieu parle directement aux gens.

« L'Eternel vint et Se présenta, et Il appela comme les autres fois : Samuel, Samuel ! Et Samuel répondit : parle, car ton serviteur écoute. Alors, l'Eternel dit à Samuel : Voici, Je vais faire quelque chose en Israël qui étourdira les oreilles de quiconque l'entendra. » (1 Samuel 3 :10-11)

« Il tomba par terre, et il entendit une voix qui lui disait : Saul, Saul, pourquoi Me persécutes-tu ? Il répondit : Qui es-Tu Seigneur ? Et le Seigneur dit : Je suis Jésus que tu persécutes. » (Actes 9 :4-5)

La voix de Dieu lorsqu'il m'a appelé à devenir Son serviteur était comme une voix humaine mais comme de l'eau claire. Elle était limpide mais assez forte pour me faire trembler. Il est impossible de décrire combien j'étais heureux à cet instant. C'est très rare d'entendre la voix de Dieu directement.

La voix de Dieu donnée au travers d'un ange ou d'un homme

« L'ange prit la parole et dit aux femmes : pour vous, ne craignez pas, car je sais que vous cherchez Jésus qui a été crucifié. » (Matthieu 28 :5)

Dans la Bible nous pouvons trouver plusieurs occasions où Dieu révèle Ses buts au travers d'anges qui sont des esprits qui servent Dieu. Les voix des anges sont très belles.

Dieu accomplit parfois Sa volonté par la bouche des hommes. Il envoie quelqu'un pour nous parler et nous faire savoir que nous devons suivre la vérité ou nous faire comprendre ce que nous devons faire pour accomplir Son plan. Pour cela, nous devons considérer que Dieu nous parle souvent au travers de Ses serviteurs, des pasteurs de paroisse, des leaders régionaux, des membres de l'église ou des enfants. Nous avons même vu que Dieu a utilisé une ânesse pour parler à Balaam dans Nombres 22 :28-30.

La voix de Dieu donnée au travers de prophéties

La prophétie vient par l'inspiration divine pour montrer

ce qui va se passer dans le futur. Il y a beaucoup de prophéties dans la Bible, qui ont été réalisées telles qu'elles ont été données.

« Comme nous étions là depuis plusieurs jours, un prophète nommé Agabus descendit de Judée, et vint nous trouver. Il prit la ceinture de Paul, se lia les pieds et les mains, et dit : Voici ce que déclare le Saint Esprit : L'homme à qui appartient cette ceinture, les juifs le lieront de la même manière à Jérusalem, et le livreront entre les mains des païens. » (Actes 21 :10-11)

Dieu m'a donné, à moi Son serviteur, de nombreuses prophéties. Je crois que toutes les prophéties qui m'ont été données sont accomplies ou seront accomplies.

Dieu révèle Son plan par la prophétie « Certainement, le Dieu souverain ne fait rien sans révéler son plan à Ses serviteurs les prophètes…. Le Dieu souverain parle – qui ne prophétiserait ? » (Amos 3 :7-8)

La voix de Dieu donnée par révélation

La révélation est l'accomplissement au travers de la communication avec Dieu.

« La main de l'Eternel fut sur moi et l'Eternel me transporta par Son Esprit…. Alors, il me dit, 'Prophétise sur ces or et dis leur, 'Ossements desséchés, écoutez la parole de l'Eternel ! Ainsi parle le Seigneur l'Eternel, 'Voilà, Je vais faire entrer en vous un esprit et vous vivrez…. Je prophétisai, selon l'ordre que j'avais reçu, et comme je prophétisais,… » (Ezéchiel 37 :1-28).

Avoir un prophète est une bénédiction merveilleuse, parce que nous pouvons recevoir beaucoup de révélations de Dieu.

« La révélation de Jésus Christ, que Dieu lui a donnée pour montrer à Ses serviteurs les choses qui doivent arriver bientôt, et qu'Il a fait connaître, par l'envoi de Son ange, à Son serviteur Jean. » (Apocalypse 1 :1)

J'ai cru dans chaque déclaration dans la Bible, telle qu'elle est écrite. C'est pourquoi, j'ai demandé à Dieu, pendant que je jeûnais 40 jours avec l'espoir d'être totalement armé de la Parole, de m'envoyer un prophète comme Ezéchiel, qui me dirait ce qui se passera dans le futur.

Dieu s'est souvenu que j'avais prié à Lui de tout mon cœur, l'aimant avec l'espérance de comprendre complètement les versets bibliques difficiles. Il a répondu à mes prières.

En Mai 1982, Dieu m'a révélé que je commencerais une église un jour particulièrement chaud, et cela se produisit le 25 juillet tout comme Dieu l'avait dit. Depuis cette date, Dieu a commencé à montrer Ses œuvres merveilleuses par révélation, tout comme il l'a fait au travers d'Ezéchiel. Un homme paralysé a commencé à marcher et sauter, parce que Dieu avait rendu de la force à ses tendons. De nombreuses guérisons miraculeuses sont venues après cela. La foi des membres de notre église a commencé à grandir jour après jour. De nombreux d'entre eux ont rencontré Dieu et furent nés de nouveau au travers de Ses paroles prophétiques.

A partir de Mai 1983, Dieu m'a parlé et m'a expliqué les versets bibliques difficiles ces explications prophétiques furent données au milieu de nombreux jeûnes, veillées de prière et sept années de persévérance en criant à Lui. Ses explications ont répondu à toutes mes questions et m'ont donné une claire compréhension des versets difficiles.

J'ai mentionné en tout cinq types de voix de Dieu. Les autres manières d'entendre la voix de Dieu sont au travers de rêves individuels, de visions et de versets bibliques. Les rêves individuels peuvent être classifiés en trois catégories – rêves sans sens particulier, rêves de l'esprit et rêves de révélation au travers du Saint Esprit. Interpréter les rêves nécessite une qualité particulière de discernement.

Matthieu 11 :27 dit, « Personne ne connaît le Père, si ce n'est le Fils, et ceux à qui le Fils de l'homme l'a révélé. » Nous avons besoin de recevoir la révélation de la connaissance de notre Père Dieu ; la révélation est donnée au travers de la communication avec Dieu, et nous pouvons entendre la voix de Dieu au travers de la communication.
En tant qu'enfants de Dieu, nous pouvons comprendre clairement la volonté de Dieu au travers de la révélation, afin que nous puissions obéir à Dieu, qui veut faire de nous de bons chrétiens qui reçoivent de vraies bénédictions.

Le Souverain

j'ai arrêté de conduire des réunions de réveil dans d'autres églises

En Mai 1983, Dieu m'a dit de ne plus conduire de réunions de réveil dans d'autres églises. Visiter les églises pour conduire le réveil, j'étais surpris d'entendre cela.

Beaucoup de croyants ne savaient pas exactement pourquoi Jésus avait été crucifié et quel est le secret de la croix – pourquoi vous pouvez être rachetés de vos péchés lorsque vous croyez en Jésus Christ. Ils n'avaient pas la ferme assurance du Dieu vivant. Ainsi Dieu était le Dieu des morts et non des gens qui sont encore vivants.

Je voulais réellement conduire autant de fidèles des réunions de réveil que possible vers le salut. L'ennemi Satan et le diable ont essayé d'interférer avec mes réveils depuis le premier jour, le lundi où je prêchais sur le salut, les miracles, la résurrection, le Second Avènement de Jésus, et le ciel. Dieu m'a cependant donné la victoire finale le mercredi. J'ai vu un tas de participants y compris des pasteurs et des évangélistes pleurer et se repentir de leurs péchés.

Le Seigneur m'a révélé sur quels sujets je devais prêcher aux réveils et au travers de prophéties, Il a montré à beaucoup de participants quel chemin ils devaient prendre. Dieu nous a montré Son amour, Sa grâce et Ses œuvres miraculeuses à chaque réveil que je conduisais. Tant de gens ont rencontré Dieu et ont été changés. Les paralytiques se sont levés et ont marché, et beaucoup de maladies de gens malades ont été guéries. Alléluia !

Dieu m'a cependant brusquement demandé d'arrêter de mener de telles réunions de réveil. Il m'a dit de recevoir Ses révélations de la Parole et de répandre Ses plans parfaits partout dans le monde. Il a prophétisé que les juifs vont pleurer et se repentir de leurs péchés très prochainement.

Bien sûr, je Lui ai obéi, parce que je savais que je ne pouvais pas tout faire, mais que Lui pouvait tout faire, et parce que j'ai cru qu'Il voulait réaliser Sa volonté au travers de moi, Son serviteur. C'est pourquoi j'ai obéi tout de suite comme Il me l'avait demandé.

Je me suis consacré à la Parole de Dieu et aux prières

En Mai 1983, j'ai commencé à me préparer pour recevoir les révélations. Chaque dimanche, je partais pour la montagne de prière immédiatement après le culte d'adoration. C'était pour lire la Bible, prier et recevoir des révélations, du lundi au jeudi. J'étais comme l'apôtre Jean, qui a été confiné à l'île de Patmos où il a reçu des révélations au travers de communications avec Dieu. Pour recevoir des révélations au travers de communications avec Dieu, je devais mettre de côté toutes les affaires de l'église, y compris les problèmes des membres.

Le vendredi, je revenais à la maison pour me préparer et présider la veillée de prière de vendredi. Le samedi, je priais pour les sermons du dimanche matin et soir, faisais quelques visites de maisons et conseillais les membres.

Dieu m'a fait lire la Bible avec attention trois fois. Et ensuite Il a commencé à me révéler, avec des explications détaillées les versets difficiles depuis Genèse jusqu'à l'Apocalypse, y compris les sujets sur lesquels les érudits et beaucoup d'enseignants avaient beaucoup d'objections.

Il m'a fait lire la Bible à nouveau trois fois. Et il m'expliqua les versets difficiles et Ses buts qui me permettraient de la faire comprendre à des incroyants.

De plus, il m'a encore demandé de lire la Bible trois fois de plus. Et Il m'a expliqué en détails sa Souveraineté sur toutes les créatures et l'histoire de l'humanité. Il m'a aussi expliqué ce qu'Il ferait dans le futur.

Pour recevoir ces révélations, j'ai du lutter contre le diable. Ma prière était comme un combat sanglant, tout comme Jésus l'avait fait à Gethsémané, jusqu'à ce que Sa sueur devint comme des gouttes de sang qui tombaient sur le sol, ou lorsque Elie a prié sur le mont Carmel pour recevoir le feu du ciel.

Ma vie quotidienne de la semaine commençait par la prière du matin. Puis je prenais le petit déjeuner. Après le déjeuner, je priais toute la matinée pour recevoir la révélation. Après la pause du déjeuner, je priais en lisant la Bible. Si j'avais une chose mauvaise ou un péché en moi, je ne pouvais pas entrer dans le monde spirituel, et ainsi je ne pouvais pas recevoir de révélation de Dieu. Pour recevoir les révélations, je devais d'abord obtenir la victoire sur les obstacles que Satan m'amenait, rejeter toute espèce de mal et être en paix avec tous, afin que je sois agréable à Dieu.

Au travers de Ses révélations j'ai expérimenté la merveilleuse puissance de Dieu et Son amour étonnant. Je Lui ai donné toute gloire et reconnaissance.

Le Dieu Souverain

Je regardais parfois une carte du monde et je rêvais à la mission mondiale. Je pouvais voir toute la terre sur la carte. La terre a l'air relativement petite. Je sentais regardant la paume de ma main. De quoi a-t-elle l'air pour Dieu ? Lorsqu'on regarde à nos paumes, nous pouvons en voir les formes détaillées, ainsi que des doigts et les petites et grandes lignes de la paume. Nous pouvons dire que la terre ressemble à une paume pour notre Père. Tout comme nous pouvons bouger nos paumes par nous même, Dieu gouverne le monde à Sa manière.

Dieu a créé toutes les créatures du premier au sixième jour et il a formé le monde avec beauté et l'a rendu propice pour les êtres humains. Puis finalement, Il a créé l'homme et lui a dit, « Soyez féconds et multipliez, remplissez la terre et assujettissez-la. »

Alors, sur quoi règne Dieu ?

Tout d'abord, Dieu règne sur toutes les créatures de l'univers.

Il gouverne sur le soleil, la lune, les étoiles dans ce monde, les autres systèmes galactiques et tout l'univers avec ordre, de sorte que nous ayons un jour distinct de la nuit aussi bien que quatre saisons. Il gouverne le soleil, la pluie et toutes les conditions atmosphériques.

Deuxièmement, Dieu règne sur l'histoire de l'humanité.
Ils disent que l'histoire de l'humanité est la combinaison de la paix et de la guerre. Dans la Bible, l'histoire humaine, y compris les guerres mondiales I, II et III et les hauts et les bas des nations, sont enregistrés tels qu'ils se sont déroulés ou se dérouleront. Beaucoup de chrétiens qui ont des yeux spirituels ouverts, réalisent que Dieu règne sur l'histoire de l'humanité.

Troisièmement, Dieu règne sur tous les évènements dans la vie de l'homme – la vie et la mort, la chance et la malchance de l'homme.
Il a l'autorité de régner sur la vie et la mort, malgré que certaines personnes mettent fin à leur vie. Aucune personne ne peut prolonger son temps de vie avant la mort.
Si le péché de quelqu'un atteint sa pleine mesure, Dieu lui enlève la vie. À l'opposé, Dieu prolonge parfois la durée de vie d'une personne comme dans le cas de roi Ezéchias dans 2 Rois 20. Dieu nous récompense selon nos œuvres. Sa loi est, 'On moissonne ce que l'on sème'. Par cette loi, Dieu gouverne sur la vie et la mort, la chance et la malchance de l'homme, et sur la durée de la vie. Il ne préétablit pas la durée de la vie individuelle.
Si vous avez semé de la justice, vous serez bénis. Si vous avez semé le mal, vous périrez. Le juste sera sauvé par la foi et recevra la vie au ciel. Mais ceux qui pratiquent

le mal seront précipités en enfer, parce que le salaire du péché c'est la mort. C'est-à-dire que Dieu conduit vers le ciel ceux qui croient en Jésus Christ qui est le chemin, la vérité et la vie, et en enfer ceux qui ne croient pas en Lui. De même, Dieu récompense ceux qui pratiquent le mal avec la ruine et ceux qui pratiquent le bien par des bénédictions célestes.

Dieu donne les bénédictions financières à ceux qui travaillent dur, pas aux paresseux. Si quelqu'un est juste, mais paresseux, il ou elle devient pauvre. Si ceux qui pratiquent le mal rêvent de faire une grande fortune rapidement, ils finissent par échouer, malgré qu'ils aient l'air d'avoir temporairement du succès.

Dieu donne la lumière, du soleil, l'air et la pluie pour ceux qui pratiquent le mal aussi bien que pour les justes, de sorte que tous deux puissent vivre leur vie dans ce monde. En même temps, Dieu, en tant que Seigneur Souverain, gouvernant la vie et la mort, la chance et la malchance, les récompense selon leurs œuvres.

Quatrièmement, Dieu gouverne toutes choses, de manière à ce que les justes qui croient en Lui soient prospères, les justes prospèreront donc.

Il est juste, et il laisse donc les anges servir et guider Ses enfants selon la loi du monde spirituel. Lui, qui sait tout, donne des bénédictions à Ses enfants lorsqu'ils le Lui demandent dans leurs prières. Quand Ses enfants prient, il envoie des anges pour les protéger du diable, tandis que les incroyants ne peuvent pas être protégés du diable, ni aidés par les anges.

De plus, le Saint Esprit, en tant que voix de Dieu, conduit les croyants. Si vous obéissez à la voix du Saint Esprit, vous serez conduit vers le chemin sûr et droit, et non pas vers le chemin dangereux et mauvais. Mais les incroyants ne peuvent pas recevoir cette bénédiction. Cette bénédiction n'est donnée qu'à ceux qui aiment Dieu.

J'ai rencontré Dieu, le Souverain, qui m'a donné d'abondantes bénédictions. Par Sa volonté, je suis devenu Son serviteur, qui conduit un nombre incalculable de gens vers le salut et prêche Sa Parole.

Je donne tous remerciements à Dieu, le Souverain, qui me laisse entendre Sa voix pour prêcher Sa Parole qui est tellement parfaite que jusqu'à ce que la terre et le ciel passeront, aucun trait ni la plus petite lettre de Sa Parole ne passera.

La révélation

(La révélation est l'accomplissement donné par le prophète pour révéler la volonté de Dieu. L'orateur initial est donc le Seigneur, et le prophète qui est rempli du Saint Esprit, accomplit. S'il vous plaît, ne vous méprenez pas à propos de la révélation. Ici dans les révélations, 'Je' représente Jésus Christ.)

Pendant trois ans après que j'aie accepté Jésus Christ, je

suis passé par la persévérance. J'ai par conséquent rejeté tous mes péchés et j'ai vécu par la Parole de Dieu. Alors, Dieu m'a donné le don du discernement des esprits. Depuis que j'ai reçu ce don, j'ai commencé à me sentir mal à l'aise lorsque la Parole de Dieu était mal interprétée par les pensées humaines ou les explications littérales.

Comme je l'ai mentionné plus haut, j'ai eu trois années de persévérance avant d'entrer à l'école de théologie pour devenir un serviteur de Dieu selon mon appel. Parmi les nouveaux, j'étais l'étudiant qui posait le plus souvent des questions aux professeurs. Aucun professeur n'était cependant capable de répondre à mes questions de manière satisfaisante. J'ai donc arrêté de leur demander, et au contraire, à partir du second semestre, j'ai demandé directement à Dieu de m'expliquer tous les passages difficiles. Ces passages n'allaient pas bien dans la Parole de Dieu lorsqu'ils étaient interprétés littéralement. C'est pourquoi j'ai demandé à Dieu de m'en expliquer la signification spirituelle.

La révélation donnée au travers de prophéties m'a permis de réaliser la signification spirituelle des écritures. Combien cela est-il joyeux ! Je ne puis pas décrire combien le Saint Esprit se réjouissait en moi. La joie m'a fait oublier combien je m'étais exercé pour recevoir la révélation.

J'aimerais introduire certains messages et prophéties donnés par révélation. Ils ont été partagés avec reconnaissance aux membres de mon église et des membres d'autres églises dans les cassettes des prédications.

Je donne toute reconnaissance et gloire à notre Père Dieu qui a répondu à mes prières, tout comme il l'avait promis dans Jérémie 33 :3, « Invoque-moi et Je te répondrai, Je t'annoncerai de grandes choses, des choses cachées que tu ne connais pas. »

La parabole du banquet de noces (Jean 2 :1-11)

Je suppose que chacun d'entre vous a du assister à un mariage. Le mariage est une cérémonie sainte et heureuse, lorsqu'un homme et une femme deviennent une seule chair. Cependant, le banquet qui suit la cérémonie de mariage n'est pas toujours aussi saint, parce que les participants se réjouissent en buvant et en mangeant.

Pensons ici au premier miracle que Jésus a accompli lors d'un banquet de noces - changeant l'eau en vin.

Jésus est venu dans ce monde pour répandre l'évangile et ressusciter les morts. A-t-il changé l'eau en vin pour que les gens puissent jouir de la boisson ? Pourquoi a-t-il montré ce miracle comme étant le premier au début de Son Ministère public ? Je me suis demandé pourquoi ; j'ai donc prié avec instance à Dieu, qui m'a fait comprendre pourquoi Jésus a fait ce miracle.

Un jour, pendant que j'étais en train de prier Dieu avec ferveur, afin qu'il m'explique la parabole du banquet de noces, il Me parla au travers de la prophétesse.

« Maintenant Je te dis Ma volonté au travers de la prophétesse.

Qu'est-ce que le banquet de noces à Cana ? N'est- ce

pas le premier miracle que j'ai fait, qui était de changer l'eau en vin pendant le banquet ?

L'écriture dit, 'Les gens mangeront et boiront, se marieront et donneront en mariage, jusqu'au jour.' (Voyez Matthieu 24 :37-38)

Pourquoi y a-t-il eu le déluge du temps de Noé ? Je les ai jugé avec de l'eau, ma Parole, parce qu'ils se mariaient, tombaient dans la débauche et se saoulaient.

Alors, que signifie le banquet de noces de Cana ? Cana en Galilée signifie le monde, le banquet de noces signifie mariage, et le vin signifie boire. La boisson apporte l'intoxication, l'intoxication va amener la débauche, et la débauche va les pousser à se battre. Alors, le banquet montrera les mauvaises choses de ce monde.

Les Ecritures disent que Jésus était invité à un banquet de noces. Qu'est ce que Satan a fait en fin de compte à Jésus ? Ne l'a-t-il pas crucifié ? Tout a été accompli par Sa crucifixion. C'est pourquoi inviter Jésus au banquet de noces signifie l'inviter à la crucifixion. (Voyez Matthieu 26 :50)

J'ai fait écrire cela dans la Bible afin que tu saches la véritable signification de cela ainsi que le miracle que J'ai accompli. Cela a été écrit afin de te faire comprendre le cœur de Dieu. Quand les hommes le lisent, ils ne peuvent trouver qu'un miracle. Cependant, si tu connais Mon cœur, tu vas recevoir la révélation comme je le veux. Personne ne connaît le Père, si ce n'est le Fils et ceux à qui le Fils veut le révéler. (Voyez Matthieu 11 :27)

Je vous dis la vérité. J'ai montré à l'ennemi Satan que je donnerais la vie éternelle à ceux qui croient en Moi en donnant mon sang comme du vin. Le vin dans le monde vous saoule, mais la couleur rouge du vin que j'ai donné symbolise Mon sang et il vous donne la vie éternelle. Je te dis la vérité. J'ai fait savoir à Satan que je répandrai mon sang pour Mon peuple afin qu'ils puissent avoir la vie éternelle.

Mon cher serviteur ! Comme le monde m'a invité, J'ai été volontairement crucifié. Le vin du monde vous rend saouls, mais Mon vin était mon sang qui vous donnerait la vie éternelle. Uniquement mon Père et Moi savions cela. Mon cher serviteur, n'oublie pas cette signification. N'oublie pas non plus que le miracle n'a pas été fait par moi seul.

Mon cher serviteur ! Depuis que je suis venu dans ce monde, toutes choses ont été faites par la foi. Mais je n'ai jamais fait croire aux gens des choses qu'ils n'avaient pas vues. Je leur ai toujours donné des révélations par la foi. Et Dieu, mon Père a récompensé ceux qui avaient la foi afin qu'ils débordent de plus de foi.

Lorsque j'ai dit à Joseph, 'Ne crains pas de ramener Marie dans ta maison comme ta femme,' il m'a obéi. Lorsque j'ai dit à Marie, 'Tu donneras naissance à un fils,' elle l'a cru aussi. Comme ils ont cru, le bébé a pu être conçu par le Saint Esprit. Sans la foi, aucun miracle ne pouvait avoir lieu.

Mon cher serviteur ! Rien n'aurait pu se passer s'il n'avait pas été pour la gloire de Dieu et Sa providence. Et sans la foi rien n'aurait pu être fait. Dieu a tout fait tellement correctement, que même l'ennemi Satan ne pouvait pas l'accuser du tout. J'ai accompli le miracle au banquet de noces, parce que ma mère dans la chair avait la foi et qu'elle voulait que je le fasse. Tu sais que je ne puis pas accomplir de miracle s'il n'y a pas de foi. De même, la raison pour laquelle j'ai ressuscité Tabitha des morts, était pour vous montrer que Dieu peut accomplir n'importe quel miracle lorsqu'Il est satisfait dans Son cœur. Je vous dis la vérité, j'ai accompli un grand miracle dans chaque village afin que la nouvelle se répande en tous lieux.

Mon cher serviteur ! Sois conscient que Je n'ai pas fait beaucoup de miracles en un endroit. Concentre toute ta compréhension sur ce que je t'ai dit. »

Au travers de cette révélation, je suis arrivé à comprendre la Parole de Dieu facilement. Trois jours après que Jésus ait commencé son ministère public, Lui, et Ses disciples et Sa mère Marie ont été invités à un banquet de noces à Cana, en Galilée. Lorsque le vin fut fini, Sa mère Lui a dit, « Ils n'ont plus de vin. » Malgré que Jésus ait répondu, « Chère femme, qu'y a-t-il entre toi et Moi ? Mon heure n'est pas encore venue, » Sa mère avait la confiance que Jésus allait faire un miracle et elle dit aux serviteurs de faire tout ce que Jésus leur demanderait. A cause de cette foi, Jésus a pu accomplir ce miracle.

Jésus dit aux serviteurs, « Remplissez d'eau ces vases. » Ils les remplirent donc au puits. Alors, Jésus leur dit, « maintenant, apportez-en à l'ordonnateur du repas. » Ils firent ainsi et l'ordonnateur du repas goûta l'eau qui avait été changée en vin. Il ne savait pas d'où elle venait, mais les serviteurs qui avaient puisé l'eau le savaient. Ensuite, il appela le mari et le prenant à part lui dit, « tout homme sert d'abord le bon vin, puis le moins bon quand on s'est enivré ; toi tu as gardé le bon vin jusqu'à présent. »

« Tel fut à Cana en Galilée, le premier des miracles que fit Jésus. Il manifesta Sa gloire et les disciples crurent en Lui. » Ce verset compare le début et la fin du ministère public de Jésus à un banquet de noces.

Laissez-moi maintenant vous expliquer cet incident spirituellement. Jésus invité à la noce, symbolise que le monde a invité Jésus à être crucifié et il a accepté et est mort sur la croix. Le banquet de noces se réfère aux derniers jours où le monde sera plein de manger, de boire et de péché. Changer l'eau en vin représente le sang de Jésus qu'Il a répandu sur la croix pour nous donner la vie éternelle. Le commentaire de l'ordonnateur, « Ce vin était le meilleur » symbolise la joie de ceux dont les péchés sont pardonnés en buvant le sang de Jésus, et c'est le meilleur parce qu'ils ont l'espérance pour le royaume des cieux. Jésus a révélé Sa gloire par la crucifixion et par Sa résurrection trois jours après Sa mort, et Il a dit qu'aucun signe ne serait donné, si ce n'est celui du prophète Jonas. (Matthieu 12 :39)

Ses disciples ont mis leur foi en Lui après avoir vu ce premier miracle. Ce fait symbolise qu'ils ont vraiment cru en Jésus et qu'ils pouvaient risquer leur vie en prêchant la résurrection de Jésus Christ et le message de la croix, uniquement après avoir expérimenté Sa crucifixion et Sa résurrection. Combien Dieu doit-Il être déçu si nous ne comprenons le premier miracle de Jésus que par la célébration d'un banquet de noces ! Le miracle était symbolique de ce que Jésus allait faire pour sauver l'humanité tandis qu'Il commençait son ministère public. J'étais tellement excité de comprendre cette signification spirituelle. Même maintenant, mon cœur se remplit de joie lorsque je repense à ce temps.

La chute et la restauration d'Israël

Dieu m'a aussi révélé Sa volonté pour Israël au travers du Saint Esprit.

« Mon cher serviteur ! Je suis né comme un Israélite, en tant que descendant de David. Je te dis la vérité, Israël est mon corps. Comme mon corps a été blessé, la nation entière d'Israël a été blessée. Parce que les Israélites ont brisé leur roi, leur pays a été brisé. Comme la lance m'a percée, Israël aussi a été percé. Comme mes vêtements ont été divisés, tous les israélites seront disséminés. Comme ma tunique a été tirée au sort, les israélites perdront leur pays.

Mon cher serviteur ! Lorsque vous êtes unis par un seul esprit et que vous vous réjouissez en Moi, sans aucun mal dans votre cœur, votre Père peut faire tous les signes et les prodiges pour vous. Mais qui peut croire cela ? La raison pour laquelle Je te révèle cela c'est parce que je veux que tu prêches cela aux israélites. Après que tu aies été enlevé au ciel, tous les israélites vont entendre cela et seront touchés dans leur cœur pour se repentir de leurs péchés. Sois conscient que je ne t'ai pas révélé cela avant que tu ne sois libéré du péché.

Qu'ont dit les israélites lorsqu'ils m'ont crucifié ? Ils ont dit, 'Que son sang rejaillisse sur nous et sur nos enfants.' Et ton Père Dieu a fait en sorte que cela se produise comme ils l'avaient dit.

Mon cher serviteur ! Pourquoi a-t-il été relaté que ma tunique était d'une seule pièce, sans couture, de haut en bas ? Cela signifie qu'Israël est demeurée une nation unie depuis que le nom de Jacob a été changé en Israël. Si ma tunique avait été partagée, Israël pourrait-il se relever ? C'est pourquoi ma tunique devait rester en une seule pièce, ce qui signifie qu'Israël serait restauré.

Mon cher serviteur ! Malgré que les israélites ont été disséminés partout dans le monde, comme mes vêtements avaient été séparés en quatre parties, leurs cœurs sont demeurés inchangés envers Dieu tout comme ma tunique qui n'a pas été déchirée par les soldats.

Maintenant, j'explique en détails la signification spirituelle de ce qui précède. Comme les soldats romains ont crucifié Jésus et ont partagé ses vêtements en quatre parts, les israélites, après qu'ils aient crucifié Jésus, ont été disséminés dans les quatre directions lorsque les romains les ont conquis en 70 Après JC.

Les soldats ont pris sa tunique aussi. Mais, comme elle

était sans couture, tissée d'une seule pièce du haut vers le bas, les soldats l'ont tirée au sort au lieu de la déchirer. Cela signifie qu'aucune force ne pouvait arrêter l'esprit des israélites qui ont respecté et craint Dieu et ont aimé leur pays depuis Jacob.

Et, comme cela avait été écrit, Israël fut restauré le 14 mai 1948. (Voyez le livre d'Ezéchiel 38). Le fait que la nation ait été restaurée près de 2000 ans après qu'elle ait été détruite complètement par Tite en 70 Après JC, est le miracle des miracles, qui ne peut se produire que par la volonté de Dieu.

6
UNE VIE PRECIEUSE

Souvenir

Mon corps était couvert de sueur, mais mon cœur sautait de joie. 'Où puis-je entendre ces précieuses paroles ? Qui peut m'enseigner la merveilleuse Parole de Dieu ?' Mon cœur battait et mes yeux étaient remplis de larmes.
'Les secrets des vêtements et de la tunique de Jésus, la prophétie de la chute et de la restauration d'Israël…'
Je ne pouvais m'arrêter de remercier Dieu qui m'avait révélé Sa précieuse Parole. Je conservais toutes les révélations dans mon cœur. Je pensais à cette mystérieuse œuvre de Dieu. Pourquoi fait-Il cela pour moi ? Les chaudes larmes de mes yeux pour Son profond amour pour moi répondaient à cette question.

Après que j'aie reçu l'étonnante révélation de Dieu

Je pense que ma vie était entièrement conduite par la

volonté de Dieu, selon Son plan. Je chéris ma vie parce qu'elle a été bénie jusqu'à maintenant par des miracles et des épreuves en tous temps.

J'étais un homme ordinaire, introverti, rebelle et petit de taille. Pourquoi Dieu m'a-t-il appelé en tant que Son serviteur, pour conduire de nombreuses personnes vers le salut dans ces derniers jours ? Pourquoi m'a-t-il choisi pour avoir un tel grand rêve de l'évangélisation mondiale ? Pourquoi m'a-t-il conduit et protégé ma vie jusqu'à présent ? Je ne pouvais recevoir de réponse claire par moi-même. J'étais un homme ordinaire, qui n'avait rien de meilleur que les autres hommes. Si j'avais quelque chose de différent, c'était mon cœur. Mon cœur était fidèle, cherchant la justice, et de grande persévérance.

Dieu a choisi David pour devenir roi, non en raison de son apparence extérieure, mais à cause de son cœur. De la même manière, Dieu m'a choisi pour partager la bonne nouvelle partout dans le monde, non pas à cause de mon apparence, mais à cause de mon cœur. Je ne pouvais rien y faire mais seulement Le remercier pour le choix qu'Il a fait de moi avec amour.

Depuis le temps qu'il m'a choisi, Il m'a fait traverser toutes sortes d'épreuves. Me basant sur ces épreuves, je remerciais Dieu de tout mon cœur. Sans avoir été raffiné par ces épreuves, je ne pouvais pas devenir ce que je suis, son précieux serviteur bien-aimé.

Dieu a dit à Abraham de sacrifier Isaac. Il a laissé Jacob

se battre avec un homme jusqu'à ce que l'homme déboîte la jointure de sa hanche. Et Il m'a discipliné jusqu'à ce que je rejette toute espèce de mal.

Lorsque je suis devenu un nouveau chrétien, Dieu m'a fait combattre durement pour vivre selon la Parole. Pendant que j'étais un diacre, Il m'a équipé de force afin que je puisse garder tous Ses commandements.

Dieu a dit, « Quiconque regarde une femme pour la convoiter a déjà commis l'adultère avec elle dans son cœur. » Afin de pratiquer ce message, j'ai jeûné et prié pendant trois ans, et j'ai été capable de vaincre l'adultère.

La discipline de Dieu ne s'est pas terminée là. Pendant que j'étudiais à l'école théologique et que je me préparais pour ouvrir une église, Dieu m'a fait bloquer mes propres pensées et m'a fait agir sous l'inspiration du Saint Esprit dans mon cœur. Je n'avais plus mes propres pensées ni ma volonté, mais le cœur du Seigneur.

Avant que je ne commence une église, j'ai souvent été la cible de critiques négatives. Malgré que certains chrétiens me regardaient comme un hérétique, ou que les épreuves tombaient sur moi. Je maintenais toujours la même attitude. J'aimais les gens qui me rendaient la vie difficile. Je priais et remerciais le Seigneur pour eux. C'est parce que Dieu m'avait raffiné. C'est pour cela que Dieu a béni ma nouvelle église et a augmenté quotidiennement les membres afin que je puisse amener beaucoup de gens vers le salut.

Même après que notre église ait grandit et fut établie,

j'étais toujours sous discipline sous la main de Dieu. Sa discipline ne m'a pas seulement fait rejeter toute espèce de mal, de manière à ce que je Lui sois agréable, mais aussi que je sois en paix avec tous. Il m'a aidé à cultiver ces attributs désirables qu'un pasteur aurait besoin pour travailler dans une grande église dans le futur. C'est parce que mon église devait produire un grand nombre de serviteurs de Dieu, et serait un refuge où beaucoup de croyants pourraient se reposer.

Combien considérable est l'amour de Dieu ! Il a protégé notre église des accusations de l'ennemi. Il voulait que notre église ne reçoive que des bénédictions. S'il y avait une querelle ou de la jalousie dans l'église, Dieu cessait de nous donner des bénédictions et ne me donnait plus de révélation non plus.

Je devais être le berger qui lave les pieds des autres tout comme Jésus l'a fait pour Ses disciples. Je ne devais perdre aucune des âmes que le Seigneur m'avait envoyées. Je devais volontairement porter ma croix, tout comme Jésus l'avait fait pour sauver les autres, et accomplir les tâches que Dieu m'avait données, malgré la disgrâce et la honte.

Chaque jour commençait et se terminait par beaucoup de larmes. En pensant aux membres de mon église, j'ai passé mes journées en priant pour eux avec des larmes. J'ai élevé une pétition avec des larmes à Dieu pour cette révélation. Et j'ai demandé à Dieu de prendre bien soin de mon église et de ma congrégation.

Un jour, Dieu m'a donné le don merveilleux d'une chanson appelée 'Mon cher serviteur'. C'était Son amour et Son réconfort que personne d'autre ne pouvait me donner. Le Seigneur a composé les paroles de cette chanson.

Par mon sang, j'ai effacé tous tes péchés
Maintenant, je donne la vie aux morts
Avec ma puissance au travers de toi
Je serai toujours avec toi

J'ai fait une alliance au travers de mon corps et mon sang
Mon cher serviteur, crois-moi
Sois hardi partout où tu vas
Parce que je suis la puissance de ta vie
Je suis la puissance de ta vraie vie
Tiens moi et remporte la victoire
Mon cher serviteur, va de l'avant.
Je serai toujours avec toi

Oh, Père ! Reçois-le !
Reçois mon serviteur bien aimé !
Comme mon Père m'a fait confiance et m'a envoyé ici bas
Je te ferai aussi confiance

Tu es ma puissance et mon amour
Mon cher serviteur
Lorsque tu me rencontreras quand je viendrai dans la lumière de la gloire

Je me réjouirai de te voir

Après avoir été ordonné comme pasteur

J'ai été ordonné comme pasteur quatre années après avoir commencé mon église. C'était un évènement joyeux pour tous les membres de mon église. J'étais ému jusqu'aux larmes de voir l'amour qu'ils avaient pour moi.

Après l'ordination, Dieu m'a poussé à jeûner et à prier pendant 21 jours, suivant l'exemple de Daniel. J'ai quitté mon église et ma congrégation comme Dieu me guidait. Il m'a poussé à faire le premier pas en tant que pasteur, de communiquer avec Lui et de recevoir les prophéties et les révélations.

Pendant les 21 jours de jeûne et de prières, les membres de mon église m'ont beaucoup manqué. En même temps, je réalisais combien ils étaient précieux pour moi.

Comment Dieu a-t-il conduit ma congrégation depuis le commencement de l'église ! Dieu a permis à chaque membre d'expérimenter le Dieu vivant. Dieu a travaillé en eux afin qu'ils ressentent et expérimentent qu'Il est le Dieu vivant. Les paralytiques se sont levés et ont marché. Ceux qui étaient sévèrement blessés dans des accidents de circulation ont aussi marché et sauté. Dieu nous a béni avec tant d'œuvres miraculeuses. Parallèlement, la foi de ma congrégation a grandi jour après jour. Et beaucoup de gens sont venus, ont rencontré et expérimenté Dieu. Comme Paul l'a confessé dans sa lettre aux Corinthiens, « Je suis devenu votre père par l'évangile, » (1 Corinthiens 4

:15), ma congrégation m'était précieuse.

Depuis le début de mon ministère, Dieu m'a aidé à prêcher ma congrégation des messages de foi. C'est ainsi que ma congrégation a pu planter la confiance et la foi dans leur cœur, qu'ils pourraient tout faire avec l'aide de Dieu.

Au travers du message d'espérance, Dieu a aidé ma congrégation à obtenir l'assurance du salut et de la résurrection, de sorte qu'ils ont pu avoir l'espérance du ciel. Dieu a aidé toute ma congrégation à lutter contre leurs péchés, à les rejeter et à obtenir la victoire sur le monde en tant que citoyens du ciel.

Et au travers du message d'amour, Dieu a aidé ma congrégation à adopter le cœur de Jésus Christ et de vivre une vie de sanctification, afin qu'ils portent des fruits bénis dans leur vie. Il a élevé les membres de ma congrégation afin de travailler dur, même jusqu'au point de la mort pour Son royaume, de se lever et d'être éclairés. Il les a béni pour devenir de grands ouvriers pour l'église, accomplissant beaucoup de tâches, afin qu'ils puissent obtenir des récompenses dans le ciel.

J'ai remercié Dieu une fois de plus pour chaque membre de ma congrégation. J'ai prié pour eux afin qu'ils reçoivent encore plus de bénédictions.

« Oh, mon Père ! Merci de m'avoir donné cette congrégation. Tous les membres –anciens, grands et jeunes diacres et diaconesses, jeunes adultes et étudiants – tous croient que Tu es vivant. Et ils vivent une vie de fidélité. Père, merci beaucoup de m'avoir donné cette congrégation ! »

Maintenant, nous sommes remplis du Saint Esprit et de grâce. Nous sommes unis dans l'amour, comme l'église primitive. Je crois que nous serons comme l'église de Philadelphie que Dieu a louée. Les membres de mon église qui essaient de vivre selon la Parole de Dieu, luttant contre les péchés au point de verser le sang, apprécient mes conseils et obéissent à ce que j'enseigne. Combien cela est-il reconnaissant !

Rien de tout ceci n'aurait été possible si Dieu ne nous avait pas conduit. Je n'aurais eu aucun de ces membres d'église si Dieu ne les avait pas envoyé. Je ne puis m'empêcher de remercier Dieu qui me conduira toujours jusqu'à la fin du monde.

Je ne réalisais pas que mes chaudes larmes de gratitude coulaient de ma face sur l'oreiller. Ma poitrine était gonflée de joie. Ma pensée revenait aux jours écoulés.

Mon passé

Lorsque Dieu m'a appelé en tant que Son serviteur, en mai 1978, j'étais un homme de 36 ans et un père de trois filles. Je n'étais pas capable de me souvenir beaucoup de mon passé. Je ne pouvais pas me souvenir de ce que j'avais appris à l'école.

Je n'étais pas le genre de personne à aller à l'institut supérieur pour étudier la théologie. Pour rendre les choses pires, prêcher devant beaucoup de gens me semblait absolument impossible. C'est pourquoi je n'ai pas pu obéir immédiatement à ce que Dieu m'avait demandé. Il savait cependant que mon cœur désirait obéir. C'est pourquoi Il m'a appelé pour être un de Ses serviteurs, et je Lui ai finalement obéi.

J'ai demandé à Dieu, qui savait tout de moi et de ce que je désirais. J'ai donc tout mis en Lui, et je me suis appuyé sur Lui seul.

J'avais vécu ma vie à ma manière

Dès que j'ai réalisé que Dieu avait conduit ma vie depuis ma naissance jusqu'au jour où j'ai rencontré Jésus, j'ai commencé à chérir mon passé.

Je ne savais pas tout de Dieu. Je ne voulais pas admettre que Dieu existait. Je ne me souciais pas d'où je venais, où j'irais, et pourquoi je voudrais vivre. Je vivais simplement ma vie à ma propre manière. Je n'avais ni espérance, ni valeur dans ma vie. Cela était ma vie passée. À cause de ma vie passée, ma vie actuelle me semble beaucoup plus valable.

Comme j'ai eu un passé misérable

Si je repense aux jours de mon passé ou à ma maladie, je réalise que c'était encore un autre précieux temps pour moi. Combien j'étais misérablement pauvre ! Je ne pouvais pas payer le traitement à l'hôpital, et je devais rester à la maison pendant plusieurs années. Je devais vivre ma vie sur l'argent que ma femme a emprunté à la condition que nous le remboursions, y compris l'intérêt quotidien, qui était excessivement élevé.

A cause de cette expérience douloureuse je pouvais ressentir de la miséricorde pour les pauvres, et j'ai souvent volontairement pourvu à leur soutien financier.

Profondément dans mon cœur, j'ai commencé à réaliser que l'amour humain change, mais l'amour de Dieu qui m'a guéri complètement, ne change pas. Je l'ai remercié pour Son amour et j'en suis arrivé à aimer Dieu de toute ma force, de tout mon cœur et de toute ma vie.

Le long temps perdu de mes jours de maladie ne m'a pas seulement fait comprendre le cœur douloureux des malades, mais aussi de chérir le temps qui m'a été donné. C'est pourquoi, j'ai travaillé aussi dur que possible, plus dur que les autres.

Mon passé n'avait pas de direction. J'étais à flot sur une rivière. J'ai ainsi pu suivre Jésus qui est le chemin, la vérité et la vie.

De plus, j'ai échoué à faire aboutir mes propres plans par moi-même, et j'ai alors confié toute ma vie totalement à Dieu de sorte que j'ai pu mener une vie victorieuse. Dans le passé, j'étais un homme étroit de pensée, vivant uniquement pour l'argent, l'honneur et la réputation sociale. Par conséquent, je n'obtenais pas satisfaction, uniquement de la désillusion, pas de joie, mais du regret, et pas de paix, mais uniquement des griefs.

La vie douloureuse de mon passé m'a aidé à rencontrer Dieu, qui est vivant, et à réaliser combien profond et miséricordieux est Son amour. C'est pourquoi, je considère mon passé comme étant précieux.

Mon présent

Dieu, qui est miséricordieux, a frappé à la porte de mon cœur à plusieurs reprises. J'étais cependant trop ignorant, fou et têtu pour ouvrir mon cœur envers Lui, c'est pourquoi, j'ai dû souffrir d'échec, de désillusion et de grief.

Un jour Jésus, qui est le chemin et la vérité et la vie, est venu vers moi au travers de mon humble sœur aînée. Malgré que je sois apparu devant Dieu de manière involontaire, au travers de la demande insistante de ma sœur aînée, Jésus m'a traité avec chaleur et m'a donné de nombreux dons.

« Il y aura plus de réjouissance dans le ciel pour un pécheur qui se repent que pour quatre-vingt-dix-neuf justes qui n'ont pas besoin de repentance. » (Luc 15 :7)

Uniquement Jésus, toujours Jésus

J'étais changé à 100%. 'Puis-je jamais retrouver ces sept années perdues pendant que j'étais malade au point de mourir ? Que puis-je apprendre de leur part ?'

Quand je faisais un croquis mental de mon futur, je sentais quelque chose comme de la puissance se lever en moi. Sans le savoir, Je serrais mes poings. 'Maintenant Dieu m'aime. Alors, rien ne sera plus un problème pour moi. Je sais que Dieu est vivant et tout puissant.' Je ressentais de la paix dans mon cœur.

'Uniquement Jésus, toujours Jésus' était devenu mon slogan pour ma nouvelle vie. Comme Saul qui a rencontré Jésus sur la route de Damas, j'étais subitement changé dès le moment où j'avais rencontré Dieu.

Je croyais que Dieu pouvait restaurer quiconque mourait, c'est pourquoi je Lui ai confié toute ma vie. Lorsque je trouvais un quelconque péché en moi, je le chassais immédiatement, y compris les plaisirs mondains. J'ai abandonné la boisson et le jeu de Badook (un jeu consistant à jouer avec des pierres blanches et noires pour conquérir un territoire) et le Hwatoo (jeu de cartes coréen).

J'ai trouvé de la joie uniquement en jeûnant, en priant et en étudiant la Bible, et en cultivant la Parole de Dieu dans mon cœur. C'était là ma vie quotidienne habituelle.

Dieu m'a donné un travail très dur pour restaurer ma santé physique en cultivant mon endurance. Je pouvais bien reconnaître dans quel environnement les travailleurs vivaient et quelle était leur manière de penser. Ainsi, j'étais capable de les évangéliser, en leur donnant mon témoignage.

Dieu m'a aussi permis de gérer une librairie, où j'ai réalisé que si je faisais des affaires en demeurant dans la vérité de Dieu, Il me bénissait abondamment. En gagnant de la sagesse et de l'expérience en gérant le magasin, je pouvais aussi évangéliser trop de clients là bas. C'était la manière de Dieu pour m'entraîner et faire de moi un bon ouvrier qui pourrait conduire beaucoup d'âmes vers le salut.

Dieu m'a aidé à rejeter tous mes péchés et à vivre par Sa Parole. Il m'a donné un puissant amour avec lequel je pourrais évangéliser trop d'âmes. Lorsque je priais avec foi avec Son amour pour les gens, Dieu a démontré sa puissance miraculeuse au travers de moi de différentes manières. Des malades ont été guéris alors que je priais pour eux. Ma seconde fille a été heurtée par une voiture et conduite à l'hôpital. Elle était dans le coma. Je l'ai ramenée à la maison, et j'ai prié pour elle avec foi. Et j'ai remis sa vie entre les mains de Dieu. Parce que j'avais foi en Dieu qui est tout puissant, je savais que Dieu pouvait guérir ma fille. Je n'avais aucun doute à ce sujet. Dieu a complètement guéri ma fille plus rapidement que les médecins n'auraient pu le faire.

Avant qu'elle ne soit guérie, nos voisins murmuraient sur nous, « ce sont de drôles de chrétiens. » « Pourquoi n'amènent-ils pas l'enfant à l'hôpital ? »

Mais plus tard, ils sont arrivés à croire en Dieu, Lui donnant toute la gloire. Alléluia !

Ma première fille qui avait une très mauvaise maladie de la peau et ma troisième fille qui avait une commotion cérébrale ont aussi été guéries complètement par la prière. Aucun des membres de ma famille n'a été voir un médecin depuis que j'ai cru en Jésus. Nous n'avions pas besoin de médicaments, mais de la puissance de Dieu pour être guéris. Nous avons donné toute la gloire à Dieu.

Ma famille aimait vraiment faire des offrandes à Dieu.

Nous avons expérimenté que Dieu bénit les gens en ce qu'ils moissonnent ce qu'ils ont semé, c'est pourquoi, nous Lui avons donné le plus que nous pouvions.

Ma maison était toujours pleine du bruit des chants de louange et de prière. Ainsi, nous avons pu évangéliser ceux qui ne faisaient qu'écouter.

« Qu'est ce qui vous rend aussi heureux chaque jour ? » Nous demandaient-ils souvent.

« Vous serez aussi pareillement heureux et joyeux si vous croyez en Jésus. »

Notre maison débordait toujours de visiteurs. Ma femme qui est une bonne cuisinière aimait cuisiner et leur servir sa bonne nourriture. Ma femme et les membres de sa cellule continuaient à prier, louer, lire la Bible et à avoir une communion fraternelle. Par conséquent, le nombre des membres de la cellule a augmenté sept fois. Cette croissance rapide nous a montré que l'amour et les prières sont essentiels pour inviter les miracles de Dieu.

Lève toi, sois éclairée

Dieu nous montrait continuellement Ses miracles depuis que nous avons commencé notre église. Même lorsque rien n'était visible, Dieu a répondu à nos prières parce que nous croyions en Lui.

« Ton ancienne prospérité semblera peu de choses, celle qui t'est réservée sera bien plus grande. » (Job 8 :7)

« Lève toi, sois éclairée, car ta lumière arrive, et le gloire de l'Eternel se lève sur toi. Voici les ténèbres couvrent la terre, et l'obscurité les peuples ; mais sur toi, l'Eternel se lève, sur toi, Sa gloire resplendit. Des nations marchent à ta lumière, et des rois à la clarté de tes rayons. » (Esaïe 60 :1-3)

Nous étions en tout et pour tout treize lorsque nous avons commencé l'église. Alors, Dieu nous a envoyé de nombreux membres, certains de loin et d'autres de près. Il les a fait grandir pour devenir de bons dirigeants ou serviteurs de Dieu. Depuis le premier jour où nous avons commencé l'église, il nous a conduit à prier pour la mission mondiale. Et Il m'a donné une vision d'aller au-delà des mers pour conduire des croisades, montrant des signes miraculeux et des prodiges.

Il m'a donné une grande vision. Malgré que nous n'ayons pas de chaises pour nous asseoir et que la pièce n'était pas plus grande que 900 pieds carrés, nous avons prié pour la mission mondiale depuis le premier jour. Des incroyants auraient pu se moquer de nous.

Nos membres ont cependant rapidement augmenté avec des nouveaux arrivants semaine après semaine, et leur foi a aussi rapidement grandi.

Depuis que j'ai commencé l'église, je me suis tenu devant, pour partager l'évangile, soutenant d'autres églises qui débutaient et qui étaient dans des problèmes financiers.

Maintenant, des centaines de pasteurs et d'évangélistes courent pour sauver des âmes, et tous les membres de l'église prient pour devenir de bons ouvriers qui peuvent être agréables à Dieu. Afin d'évangéliser toute la nation, nous avons construit des sanctuaires locaux dans et autour de Séoul et des églises branches dans les autres provinces de notre pays. Et nous avons aussi établi de nombreuses églises branches outremer partout dans le monde pour partager l'évangile autant que nous le pouvons.

Nous rendons grâce à Dieu, parce que de nombreux serviteurs de Dieu grandissent spirituellement et un grand nombre de membres travaillent dur pour le royaume de Dieu, avec les talents que Dieu leur a donnés. Je crois que ces serviteurs de Dieu et ces membres seront transformés spirituellement de manière à ce qu'ils puissent jouer un rôle plus puissant et significatif dans la mission mondiale. Combien cela sera-t-il merveilleux ! Chaque jour, je prie avec ferveur pour la vision que Dieu m'a donnée. J'espère qu'elle pourra se réaliser le plus vite possible.

Dieu veut que nous ayons un futur prospère, conduisions des millions et des millions de gens vers le salut, et que nous nous levions et soyons éclairés pour accomplir le dessein de Dieu. Dieu me demande aussi de partager la Parole au nom du Seigneur et d'accomplir plus de miracles que Jésus ne l'a fait dans ce monde.

J'avais espéré que Jésus allait m'expliquer directement les passages les plus difficiles de la Bible. J'ai prié et jeûné dans cette espérance pendant sept ans. Finalement, Dieu a répondu à mes prières. Quelle joie ! Il m'a expliqué les passages difficiles. J'ai déjà reçu des révélations au sujet de Genèse, Exode, Lévitique, Job, les quatre évangiles, 1 et 2 Corinthiens, Hébreux, 1 Jean, Apocalypse et de nombreux autres passages. Je reçois toujours des révélations pour le reste des écritures. La révélation qui vient du ciel seulement couvre plus de 100 pages sur un cahier de l'institut supérieur. J'ai le projet de les publier plus tard en temps voulu. Les lecteurs, s'ils aiment Dieu, trouveront le Saint Esprit qui saute de joie en eux.

Dieu me recommande encore de m'exercer à la prière et de m'armer de la Parole afin que je puisse démontrer la puissance de Dieu. Je voudrais réellement visiter chaque membre de mon église afin d'avoir une communion et une intimité avec eux. J'espère que tous mes membres comprennent pourquoi je ne puis faire cela.

Je sais que les derniers jours approchent. C'est pourquoi j'utilise mon temps ces derniers jours aussi économiquement que possible. Malgré que je fasse de mon mieux pour accomplir la volonté de Dieu, je sens un manque de temps.

Je me souviens de Dieu qui me dit, « Mon cher serviteur, si tu nourris ton troupeau dans un bon pâturage, chacun d'entre eux sera enlevé à la dernière heure. »

Comme Jésus l'a fait dans ce monde, je voulais vivre une vie de sanctification, être un bon berger qui conduit les gens mourants vers le salut. Je crois que pour être un bon berger, je dois exercer toutes mes capacités à préparer des messages et accomplir toutes mes tâches pastorales. Alors Dieu dira que je suis un bon berger, que mes membres sont un bon troupeau de brebis, et que mon église est une bonne église. C'est pourquoi, aujourd'hui, je me dévoue à la prière, à la prédication et à l'utilisation de la puissance de

Dieu. Avec ma dévotion, j'ai pu conduire un grand nombre de gens vers le salut, et j'en conduirai de plus en plus à partir de maintenant, pour glorifier Dieu.

Après avoir rencontré Jésus, ma vie est devenue plus valable, pleine de sens et joyeuse que celle d'avant. Combien ma vie est-elle agréable et pleine d'espérance ! Je ne puis rien y faire mais remercier Dieu.

Mon futur

« Mon cher serviteur, que j'ai choisi avant le commencement des temps ! Si tu t'armes de la Parole pendant trois années, je te ferai passer les rivières et les océans afin de montrer les signes miraculeux et les prodiges. »

Dieu n'échoue jamais dans l'accomplissement de ce qu'Il dit. Il a tenu Sa parole. Dès que j'eus terminé mes trois années d'étude de la Parole, Il m'a conduit à mener une première réunion de réveil. Après cela j'ai mené beaucoup de réveils. Au travers des réunions de réveil, je suis arrivé à réaliser qu'il est très dur de voir la vraie foi chez les gens.

Tu montreras des signes miraculeux et des prodiges

Au début, je me demandais pourquoi Dieu m'a choisi dans les derniers jours pour accomplir la mission mondiale. Je suis arrivé à savoir pourquoi. Il y a beaucoup de serviteurs qui prêchent la Parole. Combien d'entre eux voudraient-ils vivre par la Parole de sorte que Dieu les utilise pour Ses buts ?

Lorsque Dieu m'a appelé, je n'étais pas qualifié pour être Son serviteur. C'est pourquoi j'ai dû faire beaucoup de jeûnes et de veillées de prière pour demander l'aide de Dieu. Je croyais fermement que Dieu m'aiderait, parce que j'avais expérimenté la puissance du Dieu tout puissant.

J'étais comparativement vieux. J'avais peu de mémoire. Ainsi, sans l'aide de Dieu, je ne pouvais pas étudier la théologie à l'école ni accomplir une quelconque tâche pastorale. C'est pourquoi, mes prières étaient profondément ferventes, du plus profond de mon cœur. Avec reconnaissance, Dieu a répondu à mes prières comme le feu. Je ne devais pas essayer de retenir quelque chose avec mon cerveau. Le Saint Esprit en moi me guidait et m'instruisait. Si Dieu le voulait, cela restait dans mon cœur. Sinon, je l'oubliais tout de suite. Les événements de ma vie passée étaient effacés, mais la Parole de Dieu demeurait dans mon cœur. J'ai reçu de claires révélations, pas des pensées humaines. J'ai reçu la puissance de Dieu, recevant des révélations au travers d'une claire inspiration.

Pour le moment, j'ai pratiquement terminé de m'armer de la Parole au travers des révélations. Il est temps pour moi de briller, afin que le monde entier voie la puissance de Dieu.

Il y a tellement de personnes à qui on a mal enseigné la Parole de Dieu. Beaucoup de gens se posent des questions parce qu'ils ne connaissent pas la Parole, ni la volonté de

Dieu. Il y a de nombreuses personnes qui ne vivent pas selon ce que Dieu veut qu'elles fassent, parce qu'elles ne le savent pas. Beaucoup de croyants ont une foi morte. Tous ceux là sont la paille. Ils disent verbalement, 'Je crois en Dieu'. Mais ils ne croient pas dans leur cœur. C'est pourquoi, ils iront en enfer.

« Il a Son van à la main ; il nettoiera son aire, et il amassera Son blé dans le grenier, mais Il brûlera la paille dans un feu qui ne s'éteint point. » (Matthieu 3 :12)

Ils ne savent pas combien terrible est l'enfer et combien inextinguible est le feu en enfer. Le Dieu d'amour, qui a patiemment attendu pour que la paille change, m'a donné une parole puissante à leur prêcher. Comme je l'ai mentionné auparavant, je ne leur dis pas seulement de croire en Jésus Christ, mais je leur dis pourquoi ils sont sauvés s'ils croient en Jésus Christ. J'explique le message de la croix dans des termes faciles à comprendre. Alors, ils ont la foi pour être sauvés, grandissant comme le blé et non comme la paille.

Dieu m'a parlé du Second Avènement de Christ et de l'Enlèvement. Il m'a dit que cela était très proche. Il m'a dit où je serai dans le ciel, quel genre de récompense je recevrai et quelles couronnes je porterai dans le ciel.

Au travers de Ses explications, j'ai pu connaître la merveilleuse vie que j'aurai dans le ciel, c'est pourquoi, j'ai décidé de travailler le plus dur possible, donnant tout, même ma vie pour le salut des gens. Je sais comment les disciples de Jésus sont morts. L'un d'entre eux fut plongé dans une cruche d'huile bouillante, l'un fut coupé en deux avec une scie, et un autre fut pendu la tête en bas sur une croix. Mais tous étaient reconnaissants pour leur mort, ont loué Dieu, et se sont réjouis. Je ferai tout ce qu'il y a à faire pour étendre le royaume de Dieu et sauver les gens.

Mes trois missions

La première mission que Dieu m'a donnée est la mission mondiale. Je me souviens de ceci chaque jour. Comme Dieu nous a conduit, nous avons envoyé autant de missionnaires que possible dans le pays et internationalement. En même temps, nous avons établi des églises branches afin de conduire les gens vers le salut. Nous avons aussi répandu l'évangile au pays et à l'étranger par la radio, la télévision, les journaux, les cassettes vidéo et les livres.

Penser à la mission mondiale me rend très heureux. Je vois que ce que Dieu nous a dit s'accomplit, priant continuellement par la foi. Il m'a dit, « Tu feras des signes miraculeux et des prodiges, passant les montagnes et les océans. » Il accomplit la mission mondiale au travers de mon église.

Ma seconde mission est de transformer les gens en grains, et non en paille. Je crois que Dieu va aider mes brebis à ne pas avoir une foi morte, mais à posséder une foi vivante pour devenir le bon grain, vivant par la Parole de Dieu et accomplissant leurs tâches.

Pendant que j'étais un jeune chrétien, personne ne m'a expliqué en détail comment prier ou ce qu'est le message de la croix. Je ne savais donc pas quel chemin prendre pour trouver la vraie foi. J'ai prié pendant longtemps pour trouver le chemin le plus rapide vers une foi profonde. Depuis que j'ai trouvé le chemin le plus rapide, j'en ai donné une complète explication à ma congrégation.

Par exemple, « Pour prier, vous devez vous agenouiller, ouvrir votre bouche largement pour parler à haute voix et crier à Dieu de tout votre cœur. »

« Le secret d'une prière puissante est de prier d'abord avec un cœur reconnaissant, de se repentir et de demander à Dieu de chasser tout le mal, et puis de demander à Dieu pour vos propres besoins. Si vous priez pour Son royaume et Sa justice d'abord, et puis pour vos besoins personnels, Dieu répondra abondamment à vos prières. »

« Vous devez croire et ne pas douter que vous avez déjà reçu tout ce que vous demandez avec foi en priant. »

Enseigner comment prier n'est qu'un thème. J'ai enseigné à ma congrégation, pas à pas en détail, afin de les aider à vivre selon la Parole, parce que la Parole est vivante et puissante pour transformer les gens de paille en bon grain. Changer les gens de paille en gens de graines est ma première mission, et j'ai donc établi depuis longtemps un plan détaillé.

'Père, je veux être le serviteur qui moissonne la plus grande moisson. Cela ne fait pas longtemps que tu m'as appelé, mais, s'il Te plaît, aide-moi à devenir le serviteur dont la moisson est la plus grande.'

Ma troisième mission est de conduire ma congrégation en tant que grain fidèle, de se préparer en tant qu'épouses merveilleusement habillées pour l'époux.

Les grains sont les croyants qui sont nés de nouveau d'eau et du Saint Esprit, et qui vivent par la Parole de Dieu. Normalement, les nouveaux chrétiens se sentent mal à l'aise de vivre selon la Parole de Dieu. Mais s'ils s'entraînent à prier et à suivre correctement la Parole telles qu'ils l'entendent, ils peuvent finalement la pratiquer dans leurs actes. Ensuite, ils peuvent porter les fruits de lumière, de la justice et du Saint Esprit. Lorsqu'ils réussissent à cultiver l'amour, ils deviennent remplis de la Parole et de prières, étant prêts pour le retour du Seigneur.

« C'est pourquoi, veillez, parce que vous ne savez ni le jour, ni l'heure. » (Matthieu 25 :13)

Les cinq vierges sages ont pris l'huile dans des vases avec leurs lampes. Les cinq folles cependant, ont pris leurs lampes, mais elles n'ont pas pris assez d'huile avec elles. C'est pourquoi les vierges folles n'ont pas pu rencontrer l'époux. (Matthieu 25 :1-13)

Nous ne devons pas être les folles, mais les sages qui attendent le retour du Seigneur. Nous devons être ceux qui se lèvent et rencontrent le Seigneur lorsqu'Il descendra du ciel à un signal donné, au cri d'un archange, et au son de la trompette de Dieu. Les morts en Christ ressusciteront d'abord et ensuite ceux qui sont toujours vivants, seront enlevés ensemble avec eux dans les nuées pour rencontrer le Seigneur dans les airs. Nous devons achever à temps, notre préparation en tant qu'épouse merveilleusement habillée pour son époux.

Combien cela sera-t-il joyeux lorsque le Seigneur

reviendra dans les airs ? Combien cela sera-t-il heureux ? Nous déposerons tous nos fardeaux terrestres et rencontrerons notre époux éternel, le Seigneur. Combien cela sera-il merveilleux ! Cependant, si vous ne vous réveillez pas, Il viendra comme un voleur. Si vous êtes prêts et maîtres de vous-mêmes, il ne viendra pas vers vous comme un voleur.

Nous, en tant que grain, portant de bons fruits et jouant le rôle de la lumière et du sel dans ce monde, seront éveillés lorsque nous rencontrerons le Seigneur. Nous serons en train de louer joyeusement lorsque nous rencontrerons notre époux, le Seigneur !

« Viens, Seigneur Jésus. » (Apocalypse 22 :20)

Regardant en avant vers le jour, je travaillerai de plus en plus dur pour sauver plus de gens avec la vision de la mission mondiale. Lorsque je travaille pour la mission mondiale, les gens qui écoutent les messages que je prêche seront transformés en grain, vivant selon la Parole et priant continuellement, afin qu'ils soient éveillés pour rencontrer le Seigneur lorsqu'Il reviendra. Je crois que le jour est très proche, devant notre visage. Je rends grâce au Seigneur pour cette grande joie.

Nous pouvons travailler pour Son royaume et Sa justice beaucoup plus qu'auparavant, parce que nous savons que nous sommes nés dans les derniers jours. De plus, nous serons enlevés vivants dans les airs. Combien merveilleuse est cette bénédiction !

Merci pour tout

Dieu n'est pas un homme pour mentir, ni un fils de l'homme pour se repentir. Ce qu'Il a dit, ne le fera-t-Il pas ? Ce qu'Il a déclaré, ne l'exécutera-t-Il pas ? » (Nombres 23 :19)

Dieu m'a béni aussi abondamment qu'Il l'avait promis. Je donne toute reconnaissance à Dieu.

Dieu a dit à Simon fils de Jonas qui était un pêcheur en Matthieu 16 :18-19, « Et Moi, Je te dis que tu es Pierre et que sur ce roc, Je bâtirai Mon église, et que les portes du séjour des morts ne prévaudront point contre elle. Je te donnerai les clés du royaume des cieux : ce que tu lieras sur la terre sera lié dans les cieux, et ce que tu délieras sur la terre sera délié dans les cieux. »

Dieu m'a choisi, un simple homme humble, avant le commencement des temps et m'a amené dans ce monde pendant ces derniers jours avant que notre Seigneur ne revienne. Il a montré Sa puissance miraculeuse dans mon corps de manière à ce que j'aie une foi forte dès le début. Combien reconnaissant et sage est son travail ! J'ai reconnu sa sagesse, malgré que je sois trop ignorant pour comprendre Son plan significatif.

Après que Dieu m'ait donné la foi, Il a répondu à toutes mes prières, me conduisant et me donnant la victoire et la joie au travers des épreuves et des difficultés.

Je remercie Dieu pour m'avoir conduit en tant que Son

serviteur pour accomplir Ses grands plans avec Sa puissance. Il m'a donné la vision de la mission mondiale et m'a envoyé beaucoup de membres. Il a tellement aimé ma congrégation, qu'Il les a transformés en grain. Je ressens une profonde gratitude pour Son amour.

Ma seconde sœur aînée m'a guidé pour recevoir la vraie vie. Je lui dois ma vie. J'étais trop ignorant que pour savoir que Dieu était vivant. Mais je me croyais sage assez, c'est pourquoi j'ignorais ma sœur aînée. Elle n'a jamais renoncé à m'évangéliser. Elle a continué à prier Dieu avec ferveur. Sans ses prières ferventes avec des larmes et ses jeûnes pendant de longs jours et des nuits pour mon âme et mon corps malade. Je ne serais pas ce que je suis aujourd'hui. Elle m'a continuellement parlé, « Frère, une fois que tu iras à l'église, Dieu guérira toutes tes maladies et tu le rencontreras. » Je crois que seules ses prières fidèles m'ont apporté un miracle.

« Oh, Père Dieu ! Ta bénédiction pour moi est débordante. Qu'aurais-je fait si ma sœur ne m'avait pas aidé à accepter Jésus ? Je ne puis pas m'imaginer combien cela aurait été épouvantable. Si j'avais ignoré l'amour de Dieu ou si je n'avais pas cru au Seigneur, j'aurais finalement été en enfer. »

Ma sœur aînée me sert maintenant en tant que son berger comme si elle servait le Seigneur. Elle prie encore continuellement pour moi. Je ne puis exprimer la profonde gratitude que je ressens pour elle. Je remercie ma sœur aînée à nouveau pour m'avoir conduit au salut.

Ici je veux remercier les membres de ma famille (mes parents, frères sœurs et proches) et mes voisins. Ils m'ont aidé autant que possible. Mes parents m'ont élevé avec amour, et mes proches m'ont aimé et m'ont soutenu de différentes manières. Les membres de ma famille m'ont soutenu lorsque j'avais besoin de nourriture, de vêtements et d'un endroit où vivre. Mes voisins m'ont aidé à résoudre mes problèmes. Et mes amis m'ont aidé pour avoir un travail et commencer une nouvelle vie. Je remercie chacune de ces personnes. A cause de leur amour et de leur aide, je pouvais ressentir l'amour et la volonté de Dieu pour moi.

Je remercie le Révérend Younghoon Yi, qui m'a conseillé et aidé lorsque j'ai commencé à mener une nouvelle vie transformée après ma rencontre avec Dieu. Je remercie également les familles chrétiennes qui m'ont conduites de manière désintéressée quand j'étais un débutant, les pasteurs enseignants qui m'ont enseigné à l'école théologique après que Dieu m'ait appelé, mes collègues de classe qui ont étudié avec moi, ainsi que les aînés et jeunes de l'école de théologie.

Il y a ici une personne de plus que je chéris et que je dois remercier. Elle est restée avec moi, partageant ma détresse et tous mes regrets. Elle est ma femme, Boknim Lee, qui travaille maintenant en tant que Présidente du Centre de Prière Manmin. Elle crie continuellement à Dieu la nuit et le jour.

Le bonheur dans la vie dépend de l'époux. Malheureusement, ma femme a dû subir sept années de souffrances en me soignant, moi son mari, qui est devenu malade juste après notre mariage. Elle a dû travailler pour gagner de l'argent pour notre famille. Je ne peux que m'imaginer combien triste était sa vie, prenant soin de sa famille en tant que jeune femme. Cependant, malgré qu'elle vive dans la pauvreté, elle est devenue reconnaissante pour toutes choses après avoir rencontré Jésus. Elle a remercié et a prié avec ferveur pour toutes les épreuves qui nous arrivaient.

Sans qu'elle ne prenne soin de moi, sacrifiant sa vie, je n'aurais pas pu étudier pour devenir un serviteur de Dieu. Elle s'appuyait seulement sur le Dieu tout puissant avec foi, m'aidant tout au long du chemin. Elle continue à prier pour moi pendant de longues heures chaque jour. Je remercie sincèrement ma femme pour son travail acharné, son endurance et ses prières.

Je ressens une profonde gratitude pour ceux qui étaient avec moi au commencement de notre église. Parfois je les reprends, parce que je les aime tellement. Ils sont dans mon cœur comme mes biens précieux, qui ont obéi à la volonté de Dieu afin d'établir l'église Centrale de Sanctification Manmin.

Tout comme Dieu a appelé Aaron et Hur pour aider Moïse, Il m'a donné de grands membres qui ont prié avec moi. Tous devinrent un en priant de tout leur cœur. Alors Dieu a répondu rapidement à nos prières cas par cas. Il a souvent révélé Sa gloire afin que nous puissions guider de nombreuses personnes vers le salut. Il nous a donné une croissance énorme et a multiplié le nombre des membres de ma congrégation parce que mon église se tenait fermement sur sa fondation.

Dieu m'a envoyé beaucoup de gens, y compris des guerriers de prière fidèles qui m'ont assisté en étant armés de la révélation de Dieu ainsi que dans la culture de mon vase pastoral afin qu'il devienne suffisamment large pour les nombreuses âmes qui devaient venir pour trouver du repos. Il a choisi ces guerriers de prière dévoués, obéissants jusqu'à la mort, qui prieraient pour Son royaume et Sa justice de toutes leurs forces, de tout leur cœur, de toute leur pensée et de toute leur âme.

Ces guerriers de prière dévoués venaient à l'église et priaient dans un même esprit chaque jour. Ils se réunissaient dans la Maison de Prière à 10 h du matin et priaient pour les malades physiques et mentaux. Et après le repas de midi, ils avaient une autre réunion de prière.

« Où va ta maman chaque jour ? »

« Elle va à l'église. »

« Les chrétiens ne vont-t-ils pas à l'église uniquement le dimanche ? »

Mon église tient des réunions de prière chaque jour. C'est pourquoi ma maman y va chaque jour. »

« Oh, ton église fait cela... »

Un professeur a demandé à son élève pourquoi sa maman sortait toujours. Mais le professeur ne pouvait pas comprendre pourquoi sa mère allait à l'église chaque jour.

Ces guerriers de prière dévoués sont des soldats de la croix qui ont rencontré Dieu. Ainsi, pour Lui retourner Son amour, ils se dévouent chaque jour pour prier, ne recevant aucun salaire. Combien ils sont merveilleux ! Je remercie tous ces guerriers de prière dévoués, qui ne regardent que vers l'avant, vers les récompenses dans le ciel et travaillent pour l'église de toutes leurs forces.

Peu importe combien le berger travaille dur, les miraculeuses œuvres de Dieu n'apparaissent pas tant que la congrégation n'obéit pas à son berger.

Dieu a envoyé beaucoup de gens à l'église Centrale de Sanctification Manmin . Dieu a choisi chacun d'entre eux selon Son plan spécial, ainsi, au travers des épreuves, Il les transforme en des hommes et des femmes justes. La plupart des anciens, grandes diaconesses , diacres et les autres membres aiment Dieu tellement qu'ils luttent contre le péché au point de verser le sang afin de vivre selon Sa Parole. Ils croient dans le Dieu vivant, et vivent ainsi par la foi, travaillant dur de toutes leurs forces et m'obéissant jusqu'à la mort. Il est très rare de voir des croyants qui ont la foi véritable. Ma congrégation cependant, vit par la foi, se réjouissant pour l'espérance et s'aimant les uns les autres. J'aime et je remercie mon entière congrégation, surtout les leaders qui prient plus de trois heures par jour pour notre église.

Finalement, je veux remercier les pasteurs et les évangélistes de mon église. Ils travaillent ensemble avec moi pour faire grandir autant de membres fidèles que possible, priant sans cesse et servant avec dévotion. Ils travaillent de plus en plus durement pour accomplir les missions que Dieu leur a données pour moi, là où je ne puis aller et travailler. J'apprécie réellement leur dévotion et leur service.

Ma famille de l'église et moi, nous avons l'espérance pour le royaume des cieux. Maintenant, nous ne voyons pas clairement les récompenses que nous recevrons dans les cieux. Mais nous marchons de l'avant vers le jour où nous recevrons le grand amour de Dieu dans le beau royaume des cieux, notre pays d'origine.

7
MES BIEN AIMES

Toute la gloire à Dieu

Lorsque nous avons tenu la première veillée de prière dans notre nouveau sanctuaire, c'était le 31 décembre 1984. Ce culte de nouvel an s'est terminé le 1er janvier 1985 au matin. Tous les participants étaient très heureux de célébrer la nouvelle année dans ce beau, grand et nouveau sanctuaire. En raison de la croissance rapide, l'église n'avait plus de place pour que les nouveaux puissent s'asseoir. C'est pourquoi, Dieu nous a béni pour déménager vers un endroit plus spacieux. Combien merveilleuse est Sa bénédiction ! Pour nous, déménager vers un nouveau sanctuaire était comme pour le peuple d'Israël d'échapper de l'Egypte sous la conduite de Moïse, de souffrir dans le désert pendant 40 ans et finalement d'entrer dans la terre de Canaan.

Dieu nous a conduit à entrer dans un nouveau sanctuaire

Le nombre de membres de mon église augmentait rapidement. C'est pourquoi nous avons prié pour un endroit de plus de 3.500 pieds carrés. Nous avons trouvé un endroit, qui était relativement vieux mais spacieux. Nous ne pouvions cependant pas signer le contrat. Le propriétaire nous a dit qu'il voulait abattre le bâtiment et en construire un nouveau. Nous devions essayer de trouver un autre endroit, mais il n'y avait pas de bâtiment plus grand que 3.500 pieds carrés dans la région de Daebang-dong.

Nous avons continué à prier pour un nouveau sanctuaire jusqu'à ce que nous ayons trouvé un terrain assez grand pour un bâtiment temporaire. Le propriétaire nous a autorisé à commencer la construction d'un bâtiment temporaire. Le personnel de l'administration locale est cependant venu et a abattu le bâtiment que nous étions en train de construire, parce que notre construction violait les nouvelles réglementations.

À cause de cela, quelques membres, malgré qu'ils aient confiance en moi, se sont plaints, « Dieu nous a conduit par une colonne de nuée et une colonne de feu jusqu'à présent. Pourquoi nous laisse-t-Il construire un bâtiment illégal et le laisse-t-Il détruire pour rien, quel gaspillage ? »

J'ai prié à Dieu avec ferveur. « Père, je sais que Tu fais concourir toutes choses pour le bien. Je te remercie pour Ton plan spécial qui nous a conduit à ce point. Je Te remercie pour ma congrégation qui te remercie aussi. Père, j'ai quelques membres qui se plaignent. Pourquoi nous as-Tu laissé dans cette souffrance ? S'il Te plaît, laisse Ton serviteur connaître clairement Ton plan, afin que je puisse le faire comprendre à toute ma congrégation et te remercier, croire en toi et t'obéir. S'il Te plaît, bénis- nous pour déménager dans un plus grand bâtiment où nous pourrons conduire de plus en plus de gens vers le salut, accomplissant aussi la mission mondiale. »

Dieu a écouté mes prières incessantes, et Il m'a parlé de Son plan pour nous conduire. J'ai expliqué ce plan à ma congrégation.

« Chère congrégation, Dieu a dit dans Hébreux 11 :1, 'La foi est la ferme assurance des choses que l'on espère, une démonstration de celles qu'on ne voit pas'. Et Il a dit dans Jacques 1 :2-4, 'Mes frères, regardez comme un sujet de joie complète les diverses épreuves auxquelles vous pouvez être exposés, sachant que l'épreuve de votre foi produit la patience. Mais il faut que la patience accomplisse parfaitement son œuvre afin que vous soyez parfaits et accomplis, sans faillir en rien.'

Vous êtes vous réjouis lorsque vous avez rencontré des épreuves ? 1 Thessaloniciens 5 :16-18 dit, 'Soyez toujours joyeux. Priez sans cesse. Rendez grâce en toutes choses, car c'est à votre égard la volonté de Dieu en Jésus Christ.' Avez-vous vécu par la volonté de Dieu ? S'il vous plaît, comprenez que Dieu nous permet de traverser des tests de notre foi pour développer parfaitement notre persévérance.

Les israélites ont expérimenté beaucoup d'œuvres miraculeuses de Dieu, mais ils ont murmuré contre Dieu au sujet de leur inconfort dans le désert. C'est parce qu'ils ne connaissaient pas Dieu et ne faisaient pas confiance au fait que Dieu voulait les conduire à Canaan, un pays où coule le lait et le miel. Qu'avons-nous fait ? Ne sommes-nous pas comme eux ?

Je crois que Dieu va nous donner un grand sanctuaire tout comme Il a donné le pays de Canaan aux israélites. Vainquons ce test de notre foi avec persévérance, joie et reconnaissance, afin que nous puissions entrer dans notre pays de Canaan ! »

Tous les membres ont enduré les épreuves et m'ont suivi avec obéissance, comme s'ils marchaient vers le pays de Canaan. Sans le savoir, la foi de nombreux membres, y compris celle de l'Administrateur du Comité de Construction grandissait pendant ces mois lorsqu'ils ont fait face au test de la foi.

Comment donc Dieu a-t-Il préparé le pays de Canaan pour nous ? C'était réellement amusant. La première chose que Dieu nous a donnée était le terrain sur lequel le propriétaire voulait bâtir un nouveau bâtiment. C'est pourquoi nous ne pouvions pas le louer pour y entrer. Mais, un peu plus tard, Dieu a fait en sorte que le propriétaire ayant construit son nouveau bâtiment, Il nous a béni d'y entrer. Alléluia !

Il a fallu 40 ans aux israélites pour entrer dans le pays de Canaan, qu'ils auraient pu atteindre en trois jours. De même, nous avons du rester dans le désert pendant un temps jusqu'à ce que nous puissions entrer dans l'endroit que Dieu nous avait donné au début.

Notre séjour dans le désert a fortifié la foi des leaders et des autres membres de sorte qu'ils sont arrivés à m'obéir et à faire confiance dans le fait que je recevais des révélations de Dieu qui fait concourir toutes choses pour notre bien. Ils ont réalisé que Dieu n'échoue jamais à réaliser ce qu'Il dit au travers de moi. Rien ne peut être plus réconfortant que cela.

Le culte de commémoration pour l'entrée dans le nouveau sanctuaire fut réellement impressionnant, comme un festival somptueux dans lequel nous avons reconnu la grâce, l'amour et la puissance de Dieu. Tout le secteur de notre nouveau sanctuaire débordait de notre joie.

Mon cher serviteur !

Je voulais être un serviteur aimé de Dieu et Lui étant agréable.

Dieu nous a donné la victoire sur la persécution que nous avions subie en commençant notre église. Il nous a envoyé de nombreuses âmes qui devaient être sauvées. Il nous a béni pour clairement réaliser que nous pouvions déménager dans un nouveau sanctuaire par Sa providence. Il a travaillé dans mon entière congrégation de sorte qu'ils sont arrivés à me faire confiance et à m'obéir en tant que leur berger. Il va étendre Son royaume au travers de notre Eglise Centrale de Sanctification Manmin en tant que l'arche du salut pour beaucoup de nouveaux convertis. Il veut que je répande et enseigne l'évangile du ciel, guérisse toute espèce de maladie et d'infirmité, et prenne ma croix pour les gens tout comme Jésus l'a fait.

J'ai fermement pris ma décision. 'Dieu m'a fait confiance. C'est pourquoi je dois de plus en plus devenir le serviteur qui Lui est agréable.'

J'aime le verset, Proverbes 8 :17. « J'aime ceux qui m'aiment, et ceux qui me cherchent, me trouvent. »

J'ai aimé Dieu. ; J'ai essayé de tout mon cœur de vivre selon Sa Parole, parce que ceux qui aiment Dieu gardent Ses commandements. Par conséquent, j'ai reçu de nombreuses bénédictions et l'amour de Dieu.

J'aime le chapitre 11 d'Hébreux. Surtout le verset 6 qui est mon préféré. « Et sans la foi, il est impossible de plaire à Dieu, car il faut que quiconque s'approche de Lui croie que Dieu existe et qu'Il est le rémunérateur de ceux qui le cherchent avec diligence. »

Je prie et donne tout à Dieu, ne m'appuyant sur personne, parce que je crois que le Dieu tout puissant existe. J'ai accompli ma tâche pastorale de toutes mes forces, parce que je crois que Dieu prépare le ciel et Ses récompenses pour ceux qui pratiquent Sa Parole.

J'espère que toute ma congrégation puisse aimer Dieu et garder Ses commandements de sorte qu'Il puisse les aimer. Nous devons croire que Dieu existe et qu'il récompense ceux qui le cherchent avec diligence.

Je souhaite que toute ma congrégation prie sans cesse, qu'ils fassent tous leurs efforts pour accomplir leurs tâches, et vivent avec l'espérance des récompenses dans le ciel.

Toute la gloire à Dieu

Je donne toute gloire et toute reconnaissance à Dieu qui a tout contrôlé pour nous.

Si j'ai été reconnu par Dieu comme étant un bon pasteur, c'est à cause de mes fruits – moi-même complètement renouvelé, de même que l'église Centrale de Sanctification Manmin et toute la congrégation que le Seigneur a rassemblée au travers de moi. Je sais combien précieuse est ma congrégation. Dieu m'a tellement aimé. J'ai enseigné à ma congrégation comment elle peut recevoir l'amour de Dieu. Ils ont obéi à mes instructions de tout leur cœur de sorte qu'ils portent de beaux et abondants fruits.

Après que nous ayons commencé notre église, nous avons connu un incident merveilleux. Mes trois filles et un jeune homme mouraient à cause d'un empoisonnement au gaz. Mais tous sont revenus à la vie juste après que je leur aie imposé les mains dans la prière. En voyant cela, les membres de mon église sont arrivés à croire en la Parole écrite dans Marc 9 :23, « Tout est possible à celui qui croit. » Depuis ce temps, beaucoup de membres furent guéris et ont donné gloire à Dieu plus qu'auparavant.

Un dimanche soir, une diaconesse et un chauffeur de taxi sont entrés pour m'amener une jeune fille. La diaconesse m'a dit que sa fille de 5 ans et elle étaient en chemin vers la maison après la fin du culte d'après midi. Pendant qu'elles traversaient la route juste en face de leur appartement, un taxi venant de la direction opposée a foncé sur elles et a heurté sa fille. Cela a fait voler la fille à sept ou huit mètres dans les airs, retomber sur le sol, et perdre conscience. Cet accident a choqué la diaconesse, mais elle a dit au chauffeur de taxi qui la conduisait vers l'hôpital, d'aller à l'église Centrale de Sanctification Manmin, située à Daebang-dong.

« Vous me dites d'amener cette enfant inconsciente dans une église ? Elle va mourir ! Je ne puis faire cela ! »

« Ne vous inquiétez pas. Si elle reçoit la prière de mon pasteur, elle va instantanément reprendre connaissance. »

« … »

« S'il vous plaît dépêchez-vous vers Daebang-dong. »

« Ce ne sera pas ma faute si elle meurt. Vous devez en prendre la responsabilité. »

Le chauffeur de taxi ne pouvait pas comprendre. Il a été forcé par elle d'amener la fille vers moi. Le chauffeur paraissait très effrayé, mais la diaconesse se calmait par la foi. Je pouvais voir la forte foi qu'elle avait, c'est pourquoi j'ai prié avec ferveur pour sa fille.

« Père Dieu ! Tu ressuscites les morts. Et tu as dit, 'Tout est possible à celui qui croit.' Cette fois, s'il Te plaît, écoute ton serviteur, regarde à la foi de la diaconesse, et sauve sa petite fille. S'il Te plaît, glorifie ton nom au travers de cette fille mourante ! »

Dès que ma prière fervente pour elle fut terminée, son

corps a commencé à présenter des signes de vie et la chaleur de la vie. J'ai dit au chauffeur qui tremblait toujours de peur de ne plus s'inquiéter. Je lui ai demandé de conduire l'enfant dans un hôpital afin d'être sûr que tout allait bien.

Nous avons rapidement eu des nouvelles de la fille. « Elle a repris conscience dans le taxi sur le chemin pour l'hôpital. Et le médecin à l'hôpital a dit que l'examen radiographique ne montrait aucun problème en elle. » Toute ma congrégation a rendu gloire à Dieu, et ils ont acquis l'assurance que si nous prions à Dieu avec foi, Il peut ressusciter les morts.

De cette manière, Dieu a montré beaucoup de miracles à ma congrégation au travers de moi, leur berger de sorte que leur foi a grandi parce qu'ils ont vu et entendu ces miracles, et qu'ils sont arrivés à vivre selon la Parole. Alléluia !

Au travers du Centre de Prière Manmin, Dieu a guéri de nombreuses personnes qui étaient mentalement ou physiquement malades et il a entraîné les participants à prier pour Son royaume et Sa justice jour et nuit.

Des groupes de mission ont été créés. Les unités de chaque groupe se réunissent souvent pour prier et évangéliser les non croyants. Ils sont devenus unis dans l'amour, conduisant de nombreuses personnes vers le salut. Je donne toute gloire et reconnaissance à Dieu, qui a élevé ma congrégation jusqu'à ce jour.

Laissez-moi mentionner les organisations et groupes missionnaires dans l'église.

Le Jardin d'enfants Manmin et l'Ecole du Dimanche des enfants prennent soin des jeunes enfants et des enfants de l'école primaire. L'Ecole du Dimanche des élèves prend soin de l'évangélisation des élèves du secondaire et des familles païennes. Ils étudient dur pour glorifier Dieu dans leur position en tant qu'élèves. Les Membres de la Mission universitaire font de leur mieux pour répandre l'évangile partout sur les campus universitaires. La mission des Jeunes et la Mission Canaan qui est constituée de célibataires diplômés d'universités, travaillent pour l'évangélisation des lieux de travail et la mission Mondiale ; développant leurs capacités et leurs talents de manière suffisante pour conduire les gens vers le salut afin qu'ils puissent glorifier Dieu.

Les ouvriers des entreprises de distribution et de restaurants constituent la Mission Lumière et Sel. Cette mission est organisée dans la plupart des grands magasins et des restaurants de Séoul. Ils étendent en ce moment leur mission pour couvrir tout le pays.

Les membres de la Mission des Hommes mariés et la Mission des Femmes mariées accomplissent leur mission et tâches à la maison et au travail. Ils jouent un rôle important en tant que piliers dans Son royaume, servant l'église de toutes leurs forces et conduisant les groupes de mission au pays et internationalement. Combien ils sont bénis et reconnaissants !

De plus, je donne gloire à Dieu pour les serviteurs de

Dieu qui prennent soin des membres avec amour. Dieu les conduit à sortir au front et à conduire beaucoup d'âmes pour accomplir la mission mondiale.

'Père, tu as conduit ma congrégation (enfants, étudiants, adolescents, hommes et femmes mariés), pasteurs et évangélistes à devenir unis dans leur cœur, à vivre par ta volonté, et à accomplir complètement toutes les tâches que tu leur a données.

Je te donne reconnaissance et gloire ! S'il Te plaît, magnifie Ton nom au travers de tes enfants et de tes serviteurs jour après jour, tout le temps, jusqu'à ce que le Seigneur revienne.'

Par Sa volonté

J'ai servi pour suivre la volonté de Dieu qui aime une seule âme et la considère comme plus précieuse que toutes les nations. Je donne toute reconnaissance et gloire à Dieu qui a envoyé beaucoup d'âmes pour être sauvées et les élever comme de fidèles ouvriers.

Un jour, pendant que je recevais une révélation de Dieu, Il m'a parlé de mes récompenses dans le ciel en détail. J'étais étonné et embarrassé, parce que Ses récompenses pour moi étaient bien plus grandes que tout ce que j'avais fait pour Lui. Comment puis-je Le remercier pour Son amour ? Je ne pouvais m'empêcher de pleurer de pure gratitude.

Uniquement par Sa volonté

Dieu voulait que je suive uniquement Sa volonté. Il m'a dit de mettre mon espérance dans le ciel et de sauver de nombreuses âmes de manière à ce que je puisse cueillir des récompenses célestes et la gloire à venir. Peu importe la dureté de mes souffrances dans les épreuves.

Dieu était tellement gentil et miséricordieux. Il m'a parlé de mon apparence au ciel au travers des membres de mon église qui ont souvent reçu une claire inspiration de Dieu.

« Révérend, je t'ai vu marcher au ciel. Tu étais avec les membres de notre église, portant une couronne et un vêtement comme une longue robe. Ta couronne resplendissait brillamment. »

Je savais quelles récompenses je recevrai au ciel, et je me suis par conséquent engagé à vivre une vie juste selon la volonté de Dieu.

« Quiconque aime son père ou sa mère plus que moi, n'est pas digne de moi ; quiconque aime son fils ou sa fille plus que moi n'est pas digne de moi et quiconque ne prend pas sa croix et me suit n'est pas digne de moi. Quiconque trouve sa vie la perdra et quiconque perd sa vie à cause de moi la trouvera. » (Matthieu 10 :37-39)

« Pierre Lui a répondu, « Et nous, nous avons tout laissé pour te suivre ! Qu'en sera-t-il pour nous ? Jésus leur dit, 'En vérité, je vous le dis, quand le Fils de l'homme, au renouvellement de toutes choses sera assis sur le trône de Sa gloire, vous qui m'avez suivi, serez pareillement assis sur douze trônes et vous jugerez les douze tribus d'Israël. Et quiconque aura quitté à cause de Mon nom, son, père, sa mère, ses frères ou ses sœurs, ou sa femme ou ses enfants, recevra au centuple et héritera la vie éternelle. » (Matthieu 19 :27-29)

« Car quiconque fait la volonté de Mon Père qui est dans les cieux est mon frère et ma sœur et ma mère. » (Matthieu 12 :50)

Dieu veut que nous L'aimions, vivions par Sa volonté et le glorifiions en guidant beaucoup d'âmes vers le salut, afin que nous puissions recevoir ses récompenses dans le ciel. Parce qu'ils nous a racheté par le sang de Jésus à la croix, nous devons vivre nos vies par la volonté de Dieu en tant que Ses enfants, retournant la grâce que nous avons reçue.

Alors, quelle est la volonté de Dieu ? Tout comme l'homme répand des semences dans les champs, pour moissonner des récoltes en automne, Dieu a planté le genre humain dans ce monde. Pour Dieu, un jour est comme mille ans sur la terre et mille ans sont comme un jour. Comme il a créé toutes les créatures dans l'univers pendant six jours et qu'il s'est reposé le septième jour, il cultive le genre humain depuis 6.000 ans et il laisse les croyants se reposer dans Son royaume pendant 1.000 ans. Et par le Dernier Jugement, Il va séparer le grain de la paille, ce qui signifie, qu'il va rassembler les justes dans le ciel, et ils brilleront comme le soleil, et Il jettera les méchants dans la fournaise ardente.

Pourquoi Dieu cultive-t-Il l'humanité pendant 6.000 ans ? Depuis que Dieu avait créé l'homme, il Lui obéissait et vivait un nombre incalculable d'années dans le Jardin d'Eden. Adam et Eve ont cependant désobéi à Dieu et ont été chassés du Jardin d'Eden. Depuis lors, leurs esprits sont morts, et ils sont devenus des hommes de chair, vivant selon leur propre volonté et plus selon la volonté de Dieu.

Pendant les 2.000 ans suivants, Dieu a vu combien grande était devenue la méchanceté de l'homme sur la terre, et que chaque inclinaison des pensées de son cœur était tout le temps mauvaise. Dieu a donc détruit l'humanité sauf Noé et sa famille, parce que Noé était un homme juste, sans reproche au milieu des gens de son époque. Après Noé, Abraham est né et finalement, les douze fils de Jacob ont établi Israël. Dieu a éduqué les israélites pendant 2.000 ans de plus, leur faisant connaître Sa volonté par Ses prophètes. Il a discipliné les israélites afin qu'ils sachent qu'Il est le législateur et le juge, régnant sur eux tous.

Par la Providence de Dieu, Jésus est venu à nous afin que nous puissions être justifiés par la foi. 2.000 ans d'histoire humaine sont passés depuis que Jésus est venu dans ce monde. C'est écrit dans la Bible. « Ce même Jésus qui a été enlevé devant vous dans le ciel, reviendra de la même manière où vous l'avez vu monter au ciel. » Nous devons nous préparer pour le Second Avènement du Seigneur.

Dieu a les attributs humains et les attributs divins. Il veut que nous soyons Ses véritables enfants qui peuvent échanger de l'amour avec Lui. Nous devons garder en mémoire que Dieu a attendu des milliers d'années pour gagner le grain, Ses vrais enfants.

Comment pouvons-nous être les vrais enfants ?

Que ferions nous pour être Ses vrais enfants qui vivent par Sa volonté ?

Tout d'abord, nous devons abandonner notre méchanceté et vivre des vies de sanctification afin d'être des hommes spirituels.
Si nous acceptons Jésus Christ, nous sommes rendus justes en croyant dans notre cœur et nous sommes sauvés en confessant de notre bouche. Ainsi, notre esprit souhaite vivre par la volonté de Dieu comme le veut l'Esprit, non pas pour vivre selon les convoitises de la chair comme le veut la nature pécheresse.
Si nous entendons et lisons la Parole, l'Esprit nous aide à vivre selon la volonté de Dieu, comme le veut l'Esprit. Nous devenons donc des hommes spirituels qui vivent des vies de sanctification. Un homme spirituel se réjouit toujours, prie continuellement, et rend grâce en toutes circonstances.

Deuxièmement, nous devons travailler dur et accomplir nos tâches pour recevoir nos récompenses au ciel.
Dieu étend Son royaume au travers de nous, Ses ouvriers. Nous devons accomplir nos propres tâches en

tant que membres de la famille, étudiants, employés et membres de l'église. Nous devons accomplir toutes ces tâches pour recevoir une pleine récompense au ciel.

Troisièmement, nous devons être agréables à Dieu et Le glorifier.

Dieu veut recevoir la gloire au travers de nous. Dieu veut que nous servions la communauté en tant que lumière et sel, afin que les autres arrivent à croire en Dieu au travers de notre comportement. Il veut aussi que nous soyons un grain de blé qui tombe à terre et meurt pour produire beaucoup de semences. Il veut que nous jouissions d'une bonne santé. Et il veut que nous prospérions en toutes choses, comme prospère l'état de notre âme, afin que nous puissions glorifier Dieu.

Abandonnant mes pensées

Si vous voulez vivre par la volonté de Dieu, vous devez d'abord abandonner vos pensées dérivées de votre nature pécheresse. Vous pourriez vous demander comment vous pouvez vous débarrasser de pensées charnelles, mais cela est facile.

J'ai vécu ma vie uniquement selon la Parole de Dieu, la vérité. Jésus a vécu comme cela, ainsi que l'apôtre Paul. Si vous croyez en Dieu, vous pouvez facilement vivre par la vérité.

Comment pouvons-nous abandonner nos pensées charnelles ?

Si nous détruisons toute hauteur et tout raisonnement qui s'opposent à la connaissance de Dieu, et nous rendons toute pensée captive pour la rendre obéissante à Christ, nos pensées charnelles disparaissent, afin que nous arrivions à obéir comme le Saint Esprit le désire. En d'autres termes, malgré que vous soyez sages, éduqués et expérimentés, si vous trouvez quelque chose en vous qui soit opposé à la vérité, vous pouvez l'abandonner. Alors, vous pouvez marcher comme la vérité vous conduit. Si vous vous armez de la vérité et que vous pratiquez ce qu'elle dit, vous pouvez commencer à entendre clairement la voix du Saint Esprit. Malgré que vous puissiez rencontrer des incidents imprévus, vous n'allez pas essayer de les résoudre avec votre propre connaissance et vos pensées, mais vous allez les résoudre comme le Saint Esprit le dit dans votre cœur.

Jésus a suivi la volonté de Dieu qu'Il devait mourir à la croix. Il était absolument innocent, mais Il a été crucifié uniquement par la volonté de Dieu.

Il a dit, « Abba, Père, tout est possible pour toi. Eloigne de Moi cette coupe. Mais cependant, pas ma volonté, mais la tienne. » (Marc 14 :36)

L'apôtre Paul a reçu cinq fois de la part des juifs, les quarante coups de fouet moins un. Trois fois il fut battu de verges, une fois il fut lapidé, trois fois il fit naufrage, il passa un jour et une nuit en pleine mer, et il a été de nombreuses fois en danger pendant ses voyages missionnaires. Il savait que Dieu l'avait choisi pour accomplir Sa volonté, partageant l'évangile aux païens, leurs rois, et descendants des israélites.

Nos souffrances présentes n'ont aucune valeur comparées à la gloire qui nous sera révélée

Dieu a préparé la gloire pour Jésus Christ d'être assis à Sa droite, et pour l'apôtre Paul, de recevoir la couronne de la justice et des récompenses au ciel.

Dieu m'a encouragé en me révélant quelles récompenses me seront données au ciel. J'ai de l'espérance pour le royaume des cieux, et c'est pourquoi j'ai rejeté toute espèce de mal pour vivre une vie de sanctification, accomplissant la mission mondiale et étant totalement armé de la Parole. Je ferai des signes miraculeux et des prodiges partout où j'irai, passant par-dessus les montagnes, les collines et les océans, pour conduire les âmes qui meurent vers le salut, pour transformer la paille en grain et pour donner toute la gloire à Dieu.

Nous ne devons pas être de ceux qui se contentent de crier « Seigneur, Seigneur ! » Mais aussi être de ceux qui accomplissent la volonté de Dieu, de sorte qu'ils puissent entrer dans le beau royaume de cieux éternel. J'espère que ma congrégation a rejeté toute espèce de mal pour vivre une vie de sanctification, accomplissant toutes bonnes œuvres pour glorifier Dieu.

Je voulais vivre comme Jésus. J'ai donc abandonné ma volonté propre pour garder la Parole, et je n'ai pas aimé ma vie, mes enfants ou mes biens plus que Dieu. A cause de cela, Dieu m'a appelé comme Son serviteur qui accomplirait la mission mondiale et serait béni par de grandes récompenses au ciel.

Je me sens très heureux qu'en tant que berger guidant un grand troupeau, je terminerai toutes mes tâches et entrerai dans l'éternel royaume de cieux.

La vie éternelle au ciel

Comme l'apôtre Jean a communié avec Dieu sur l'île de Patmos, j'avais l'habitude d'aller dans un endroit isolé pour recevoir des révélations de Dieu.

Une claire rivière coulait pacifiquement devant la maison où je résidais. Une montagne fortement boisée se trouvait derrière la maison. De nombreuses plantes grandissaient dans le champ largement ouvert. Cette région était tellement peu fréquentée que la beauté naturelle était bien préservée. Quand je traversais la rivière en bateau, une brise me caressait en me rafraîchissant, et les oiseaux chantaient dans le ciel bleu comme s'ils me souhaitaient la bienvenue. Le sol était très doux, comme du sable fin, et les cailloux qui roulaient le long des rives étaient beaux.

Dieu me fit rester là pendant un temps en lisant la Bible et en priant. C'était très loin de Séoul, et je devais donc voyager plusieurs heures pour y arriver. Mais cela en valait la peine. Je trouvais là la fraîcheur que je ne pouvais pas ressentir à Séoul, et cela me faisait parfois imaginer le ciel.

Dieu m'a révélé le royaume des cieux

C'était en mai 1984, quelques jours avant mon anniversaire. Je descendais d'habitude de la montagne le vendredi pour préparer la veillée de prière du vendredi, et les cultes de dimanche. Dieu m'a dit de ne pas descendre et de jeûner parce qu'Il voulait me parler du royaume de cieux.

Soudain, la porte de cieux s'est ouverte devant mes yeux et Dieu commença à me parler. Il me révéla beaucoup de choses pendant toute la semaine depuis le lundi. J'étais heureux au-delà des mots. Je donnai toute reconnaissance et gloire à Dieu pour Son amour.

Je crois que Dieu voulait me faire savoir que recevoir le don de Dieu au travers du jeûne et de la prière était bien meilleur pour Son royaume et moi-même que recevoir un plaisir terrestre de ma fête d'anniversaire.

Il m'a raconté de nombreuses paraboles du ciel :

'Le royaume des cieux est comme un homme qui semait des bonnes semences dans son champ.' 'Le royaume des cieux est comme le filet qui est jeté dans le lac pour ramener toutes sortes de poissons.' Cette parabole signifie que des anges viennent à la fin du monde pour conduire les justes vers le ciel, et jeter les méchants dans la fournaise ardente de l'enfer.

Il n'y a pas un seul homme juste sur la terre. C'est pourquoi nous devons croire en Jésus Christ, qui est le chemin, la vérité et la vie, afin d'être justifiés, d'entrer et de vivre au ciel. Au ciel il y a la joie et la paix éternelles. Au contraire, ceux qui ne croient pas en Jésus Christ sont mauvais, et ils sont donc précipités dans la punition éternelle en enfer. En enfer, le ver ne meurt point et le feu ne s'éteint jamais.

Je Jugement du Grand Trône Blanc séparera les croyants des non croyants : les croyants pour la vie éternelle, mais les incroyants pour la punition éternelle. Ceci est la fin de 7.000 ans d'histoire, comprenant les 6.000 ans de la culture de l'homme sur la terre, et les 1.000 ans de vie sur la nouvelle terre. La vie éternelle vient ensuite.

De nombreux endroits pour vivre dans le royaume des cieux

« Que votre cœur ne se trouble point. Croyez en Dieu et croyez en Moi. Il y a plusieurs demeures dans la maison de mon Père : si cela n'était pas, je vous l'aurais dit. Je vais vous préparer une place. Et lorsque je m'en serai allé, et que je vous aurai préparé une place, je reviendrai et je vous prendrai avec Moi, afin que là où Je suis, vous y soyez aussi. » (Jean 14 :1-3)

Nous comprenons que nous ne sommes pas nés par notre propre volonté, mais par la volonté de quelqu'un d'autre. Il est Dieu. Nous devons considérer que Dieu détermine l'endroit où chacun de nous demeurera éternellement, selon la manière où nous aurons suivi Sa volonté.

Dieu est juste. Il nous laisse moissonner ce que nous semons. Si nous semons la foi, Il nous laisse moissonner le ciel. Si nous ne semons pas la foi, Il nous fait moissonner l'enfer. Et il nous donne les lieux de séjour et les récompenses au ciel selon le degré d'obéissance avec lequel nous avons vécu selon Sa volonté. Il ne récompense pas tout le monde de la même manière avec les mêmes choses.

Dans la Bible, nous lisons qu'il y a de nombreuses demeures au ciel. 2 Corinthiens 12 :2 parle du 'troisième ciel'. Le Psaume 148 :4 parle des 'cieux très élevés'. 1 Rois 8 :27 et Néhémie 9 :6 parlent des 'cieux' et des 'cieux élevés'. La Bible mentionne de manière répétitive différents aspects du ciel, qu'il y a beaucoup de nivaux dans le ciel, plus d'un seul dans la maison de notre Père.

Dieu m'a parlé au travers du Saint Esprit pendant que je lisais la Bible avec l'espoir que je puisse clairement comprendre Sa volonté au sujet 'des cieux'. A partir de maintenant, je vais décrire les cieux selon la révélation que Dieu m'a donnée : le Paradis, le Premier Royaume, le Second Royaume, le Troisième royaume et la Nouvelle Jérusalem.

Romains 12 :3 dit, « Par la grâce qui m'a été donnée, je dis à chacun de vous de n'avoir pas de lui-même une trop haute opinion, mais de revêtir des sentiments modestes, selon la mesure de foi que Dieu a départie à chacun. » S'il n'y avait pas de différence dans la mesure de foi, personne ne s'exercerait à avoir une plus grande mesure de foi. Il est facile de comprendre que la mesure de foi est cruciale. D'un part, Jésus a réprimandé Ses disciples dans Marc 4 :40, « Pourquoi avez-vous ainsi peur ? Comment n'avez-vous point de foi ? » D'autre part, il loue un centurion romain pour sa grande foi dans Matthieu 8 :10, « Je n'ai trouvé personne en Israël avec une si grande foi. » J'en suis arrivé à comprendre que chacun diffère par sa mesure de foi, et donc, la place dans laquelle chacun vivra dans le ciel est déterminée en fonction de sa mesure de foi.

Laissez-moi vous décrire ces endroits et les récompenses données au ciel, selon la mesure de foi de la plus petite à la plus grande.

Le criminel crucifié, qui s'est repenti de ses péchés lorsque Jésus a été crucifié, a de justesse accepté Jésus. Il n'a pas combattu le péché et il n'a pas vécu selon la Parole. Il n'a aucune œuvre qui montre sa foi en tant qu'évidence de la pratique de la Parole, mais il s'est uniquement repenti et a accepté Jésus Christ. Le Paradis lui a été donné comme lieu de séjour.

Le niveau suivant de foi est pour ceux qui essaient de vivre selon la Parole qu'ils entendent, mais ne peuvent pas pratiquer tout ce qu'ils entendent. Le Premier Royaume leur est donné pour vivre. Ils recevront une couronne qui durera éternellement, parce qu'ils ont lutté pour chasser leurs péchés. (1 Corinthiens 9 :25)

Le niveau suivant de foi est pour ceux qui vivent selon la Parole, combattant leurs péchés et glorifiant Dieu. Le Second Royaume leur est donné et ils recevront la couronne de la gloire qui ne s'efface pas parce qu'ils ont rejeté leurs péchés. (1 Pierre 5 :4)

Le niveau suivant de foi est pour ceux qui vivent complètement selon la Parole de Dieu et aiment Dieu de tout leur cœur. Le Troisième Royaume leur est donné. Ils recevront la couronne de vie, parce qu'ils ont été fidèles même jusqu'à la mort. (Jacques 1 :2 ; Apocalypse 2 :10)

Le plus haut niveau de foi est pour ceux qui aiment Dieu de tout leur cœur de sorte qu'ils Lui sont agréables. La Nouvelle Jérusalem leur est donnée. Ils recevront la couronne de la justice (2 Timothée 4 :8) ou la couronne d'or (Apocalypse 4 :4) parce qu'ils sont devenus sanctifiés et ont accompli toutes les tâches qui leur avaient été assignées.

De même, Dieu nous donne un lieu de séjour et une récompense au ciel selon la mesure de notre foi. C'est pourquoi, nous devons travailler dur, en vivant une vie de sanctification selon Sa volonté, pour avancer vers un meilleur royaume céleste.

Les différences entre les cieux sont très significatives. Ici en Corée, on peut donner les différences entre les conditions de vie dans la capitale Séoul, les autres villes provinciales, l'aspect du pays entre la capitale Séoul et les autres villes provinciales, les villes campagnardes et les îles. Nous savons pourquoi tant de gens veulent venir à Séoul. De la même manière, nous essayons de progresser vers la Nouvelle Jérusalem, parce que nous savons que les endroits du ciel sont différents.

Disons qu'un homme qui réside à la Nouvelle Jérusalem et qui visite le Second Royaume. Les gens dans le Second Royaume ne peuvent pas le regarder lui qui vient de la Nouvelle Jérusalem, parce que sa lumière brille trop violemment pour eux. Ils s'agenouillent donc pour montrer leur respect tout comme les gens ordinaires le font quand leur roi passe. Les gloires de chaque ciel sont totalement différentes. Par opposition, les gens du Second Royaume ne peuvent pas entrer dans la Nouvelle Jérusalem parce que leur lumière est différente de celle des habitants de la Nouvelle Jérusalem, et parce que les anges gardent les portes.

Maintenant vous connaissez la vie éternelle au ciel. Dans quel royaume du ciel voulez-vous habiter ? Cela sera déterminé selon la manière dont vous aurez obéi à la volonté de Dieu.

Les maisons sont aussi différentes selon le royaume dans lequel vous vivez. Au Paradis, aucune maison n'est attribuée parce qu'ils n'ont pas pratiqué la Parole durant leur vie. Au contraire, les maisons sont construites presque complètement en or et en pierres précieuses pour les croyants qui ont obéi à la Parole avec des œuvres.

Les cieux appartiennent au monde que nous appelons 'la quatrième dimension', se trouvant au-delà du temps et de l'espace. Nous pouvons nous imaginer que de nombreux aspects, les caractéristiques de la terre ressemblent à celles du ciel. Dans ce monde à quatre dimensions, nous pouvons voler si nous le voulons. Tous ceux qui vivent au ciel ont ce nouveau corps spirituel qui ne périt jamais et ne semble rien peser. La vie au ciel est tellement merveilleuse et éternelle.

A quoi ressemble le ciel ?

La rivière d'eau de la vie coule du trône de Dieu, passe autour du Troisième Royaume, du Second Royaume, du Premier Royaume et du Paradis et retourne vers le trône de Dieu.

Pouvez-vous imaginer combien ça sera beau de se promener le long de la rivière de la pure eau de la vie, aussi transparente que le cristal ? Le long des rives, il y a des plages couvertes de sable brillant d'or et d'argent. Le goût de l'eau de la vie est trop pur et frais que pour être comparé à n'importe quelle eau sur la terre.

Au ciel, tout est fait de pierres précieuses et d'or pur. Il n'y a pas de poussière ni de saleté, et aucun voleur ne peut voler. Les routes sont faites d'or et nous pouvons voir toutes espèces de créatures de Dieu. Pouvez-vous imaginer combien cela est beau ?

Toutes sortes de plantes et d'animaux sont en parfait ordre. Il y a des passages fleuris. Vous pouvez parler avec les fleurs et les animaux ou vous asseoir sur eux pendant que vous vous promenez.

Les arbres de vie portent douze espèces de fruits. Chaque fruit a un aspect et un goût différents des autres. Si vous prenez un fruit d'un arbre quelconque, l'arbre produit instantanément la même espèce de fruit au même endroit. Combien cela est-il beau !

Lorsque vous mangez, vous pouvez manger physiquement avec votre bouche ou vous pouvez vous réjouir de l'arôme de la nourriture. Après avoir mangé, vous vous sentez satisfait et rempli de force. Comment pensez vous qu'ils digèrent et éliminent ? Bien sûr, il n'y a pas de toilettes sales au ciel. Après avoir mangé de la nourriture, ils digèrent dans leurs corps et ils l'éliminent en tant que gaz odorant tout en respirant. L'arôme reste en l'air pendant un moment et puis disparaît. Combien cela est-il aisé ?

A quoi ressemblons-nous au ciel ?

Nous ressemblons à l'image de Jésus ressuscité. Nous avons un esprit, une âme et un corps impérissable – des os et de la chair impérissables. Avec nos corps célestes, nous pouvons passer au travers des murs, et nous ne devons donc ouvrir aucune porte.

Notre aspect physique sera comme celui de Jésus à l'âge de 33 ans. Nos visages seront brillants comme une pierre précieuse blanche. Notre taille sera d'environ 190 cm pour les hommes et les femmes seront un peu plus longues que 170 cm. Les cheveux de chaque homme arrivent jusqu'au cou. La longueur des cheveux des femmes diffère selon leur sanctification et leur gloire respectives. Au plus brillante est leur gloire, au plus longs seront leurs cheveux. Certaines femmes auront des cheveux jusqu'aux hanches. Vous ne devez pas vous soucier des déficiences de votre corps actuel. Au ciel vos corps auront les meilleures caractéristiques. Que cela est heureux !

Vous ne serez pas mariés au ciel. En tant que corps spirituels, vous reconnaîtrez votre famille – votre épouse, vos enfants et vos parents. Vous reconnaîtrez votre berger et votre troupeau. Vous pourrez vivre avec votre famille terrestre et vous pouvez vous réunir avec les membres de votre église. Votre esprit est très sage, et votre sagesse sera cent fois celle que vous aviez sur la terre.

A quoi ressemble la vie au ciel ?

Dieu nous donne des vêtements faits de lin fin, et il nous récompense avec de nombreux ornements selon ce que nous avons fait. Cela est parce que Dieu veut que nous portions ces précieux ornements pour montrer Son amour et Sa gloire. Il nous laisse aussi voyager sur Ses nuages de gloire. Nous nous réunissons souvent à des fêtes, ayant un temps agréable et une conversation commune, regardant les films vidéo qui présentent notre vie terrestre. Il y aura aussi beaucoup d'autres choses merveilleuses dans le ciel.

Dieu m'a révélé les choses cachées du ciel, mais je ne puis pas toutes vous les révéler maintenant. Récemment, j'ai publié deux livres sur le ciel.

Nous savons que ce merveilleux ciel existe. C'est pourquoi nous regardons en avant, vers le jour où le Seigneur qui a préparé ces demeures dans le ciel pour nous reviendra et nous vivons par la volonté de Dieu.

Dans ce monde également, si vous travaillez dur, vous pouvez fréquenter de bonnes écoles, avoir de bons jobs, prendre des positions de direction ainsi que de bonnes maisons. De la même manière, vous recevrez la place, la couronne et la récompense en fonction de la fidélité avec laquelle vous aurez vécu sur la terre. Ces choses dans le ciel vous seront données éternellement. C'est pourquoi tous veulent recevoir autant que possible de ces merveilleuses choses.

Jésus a parlé de l'indépendance d'Israël avec la parabole du figuier, « Instruisez-vous par une comparaison tirée du figuier. Dès que ses branches deviennent tendres, et que les feuilles poussent, vous connaissez que l'été est proche. De même, quand vous verrez toutes ces choses, sachez que le Fils de l'homme est proche, à la porte. Je vous le dis en vérité, cette génération ne passera point, que tout cela n'arrive. » (Matthieu 24 :32-34)

« Veillez donc, car vous ne savez pas quel jour votre Seigneur viendra. Sachez le, si le maître de la maison savait à quelle veille de la nuit le voleur devait venir, il veillerait et ne laisserait pas percer sa maison. » (Matthieu 24 :42-43)

« Quand les hommes diront : paix et sûreté ! Alors une ruine soudaine les surprendra, comme les douleurs de l'enfantement surprennent la femme enceinte, et ils n'échapperont point. Mais vous frères, vous n'êtes pas dans les ténèbres pour que ce jour vous surprenne comme un voleur. Vous êtes des enfants de la lumière et des enfants du jour. Nous ne sommes point de la nuit, ni des ténèbres. Ne dormons donc point comme les autres, mais veillons et restons sobres. » (1 Thessaloniciens 5 :3-6)

Dieu nous a dit que la Seconde Venue est très proche. Personne ne connaît ce jour, ni l'heure. Dieu m'a dit, ainsi qu'à certains croyants fidèles qui sont éveillés, que la dernière heure est très proche. Combien de gens savent qu'ils seront enlevés dans les airs vivants ?

Cela me rend très heureux de penser aux jours à venir lorsque nous allons vivre avec le Seigneur dans son monde éternel.

Je travaille dur aujourd'hui pour accomplir mes tâches et nourrir mon troupeau dans un bon pâturage.

« Amen, Viens, Seigneur Jésus ! »

Autres livres précieux du même auteur

Le Ciel I : Aussi clair et beau que le cristal
Le Ciel II : Rempli de la Gloire de Dieu

Une esquisse détaillée de l'environnement merveilleux dont jouissent les citoyens célestes au milieu de la gloire de Dieu.

Enfer

Un message sérieux de Dieu pour toute l'humanité, qui ne veut même pas qu'une seule âme tombe dans les profondeurs de l'enfer !

La Voie du Salut

Pourquoi Jésus Christ est-Il le seul Sauveur ? Un puissant message de réveil pour tous les gens qui sont spirituellement endormis.

La Mesure de Foi

Quel genre d'endroit céleste est préparé pour vous et quels genres de récompenses et de couronne recevrez vous dans le ciel ?

---

www.urimbooks.com

www.ingramcontent.com/pod-product-compliance
Lightning Source LLC
LaVergne TN
LVHW091720070526
838199LV00050B/2476